워싱턴
북소리

워싱턴 북소리

강창구 지음

좋은땅

세 번째 헛소리를 묶었습니다

지금부터 10년 전이던 2012년 3월 15일, 주변의 권유에 의해서 첫 번째 칼럼집 『사람 사는 세상 워싱턴』을 냈을 때만 해도 이렇게 넋두리가 길어질 줄 몰랐습니다. 제가 세상을 잘 모르는 건지, 세상이 이상한 건지 10년이 지난 그때나 지금이나 거의 그대로 입니다.

그 뒤로도 세상은 크게 바뀌지 않았습니다. 그래서 그랬던지 글이 갈수록 억세고 거칠어져만 갔습니다.

해도 그만, 안 해도 그만인 헛소리들을 긁어모아
2017년 1월 1일 제2 칼럼집 『워싱턴 강창구』를 부끄럽지만 또 냈습니다. 그 당시에도 그랬지만 다시 읽어 봐도 거칠고 투박하기만 합니다.

시간이 가고 세월이 흘러 2016년 여름부터 세상이 요동을 쳤습니다. 역사의 소용돌이가 어지러울 지경이었습니다.

길게만 느껴지는 한 해 한 해들을 지나보면 너무 빠르고 짧아서 스스로 놀랍니다. 이 두 번째 칼럼집 이후로 잠깐 세상의 밝은 빛이 비치나 싶더니 이걸 책으로 묶으려고 보니 거짓말처럼 다시 5년 전에 끝난 줄 알았던 어둠의 역사가 펼쳐져 버렸습니다. 반성하고 성찰의 시간을 또 얼마나 보내야 할는지 모릅니다.

이 글은 두 번째 칼럼 이후인 2017부터 시작된 문재인 정부 5년 중 출범 초기부터 약 4년여(2017~2021) 워싱턴 민주평통 회장 시작하기 직전까지의 글입니다.

세태를 반영하듯 연말에 교수들이 뽑은 '올해의 사자성어'가 한 해를 가장 함축해서 정리해 주는 듯해서 대제목으로 하고 그 아래 워싱턴 한국일보에 실렸던 날짜순으로 정리했습니다. 어떤 글들은 차마 세상에 내보내지 못한 글들도 있습니다.

2017년 불청역위(不聽易位)
"군주에게 큰 허물이 있으면 간언하고,
반복해서 간언해도 듣지 않으면 다른 사람으로 바꿔 세워야 합니다."

2018년 임중도원(任重道遠)
"임무가 무겁고 갈 길이 멀다."

2019년 공명지조(共命之鳥)
"하나의 몸에 두 개의 머리를 가진 새, 한쪽 머리가 죽으면 같이 죽는다."

2020년 아시타비(我是他非)
"나는 옳고 너는 틀리다?"

2021년 묘서동처(猫鼠同處)
"고양이와 쥐가 함께 있다니!"

　이런 것도 그렇지만 제 잡글 또한 5년이 지나고 나서 책으로 묶어 두려고 보니 모두 다 헛소리 같다는 것이 솔직한 심정입니다. 그렇게 차디찬 길거리에서 목 놓아 불러 만든 촛불 정부였습니다만 세상은 훨씬 복잡하고 다양했습니다.

　이제 와서 그때 끄적거려 놓았던, 그러니까 촛불정부 출범 이후의 잡글들을 책으로 다시 묶으려고 좀 더 자세히 현실을 들여다보니,
　참 기묘한 세상이 되어 버렸습니다.

　제목 정도 훑어봐 주시면 감사하겠습니다.
　좀 더 시간이 되신다면 마음에 와닿는 제목, 한 토막이라도 스쳐 지나가 주신다면 참 감사하겠습니다. 워싱턴 한국일보 여러분께 감사합니다.

2023년 7월 워싱턴에서
강창구 올림

6

| 목차 |

세 번째 헛소리를 묶었습니다 4

2017년
불청역위(不聽易位)

2018년
임중도원(任重道遠)

2017년

불청역위(不聽易位)

"군주에게 큰 허물이 있으면 간언하고,
반복해서 간언해도 듣지 않으면
다른 사람으로 바꿔 세워야 합니다"

멋도 모르고, 맛도 모르고…
(탄핵 폐족들의 적반하장)

벼를 베어 낸 집 앞 논바닥에 동네 아이들이 삼삼오오 삽과 괭이로 동그란 구덩이를 여기저기 파고 있을 때 주막집 김행배는 손나팔에 대고 '시네마스코프 총천연색영화 〈여자의 일생〉이 금일 저녁 봉저리 노천극장에서 여러분을 기다리겠습니다.' 하면서 고개를 흔들며 팔짝팔짝 뛰어다닌다. 15원짜리 공짜 입장권을 손에 쥐기 위해서는 가설극장을 세울 구덩이 하나씩을 파야만 했다. 아버지는 일손이 딸려서도 그렇지만 '어릴 때 영화 보면 버린다.'고 그 근처에도 못 가게하고 소 목줄 쥐여 주며 억지로 뒷산으로 보내면 순간 어린 마음에 낙심이 컸다.

라디오마저 변변찮았던 시절, 굴뚝에 연기 나는 해 질 무렵이 되면 동네는 앰프에서 흘러나오는 이미자의 구슬픈 노래와 논두렁 타고 길게 늘어선 건너 동네의 영화 팬들로 집 앞은 이미 장사진이다. 식당도 없는 동네이니 동네 한가운데 살던 어머니는 영화 관계자들의 밥상을 차려 주신다.

잠이 올 리가 없다. 영화가 상영되고 조용해지면 스크린 밖에서 거꾸로 보이는 희미한 활동사진을 보는 것만으로는 그 내용이 뭔지도 모르겠다. 문득 오래전 낡은 필름에 하염없이 빗줄기처럼 갈라진 흑백 화면에서 컬러 화면으로 바뀌는 시기의 기억을 잠시 더듬어 봤다. 흑백 필름은 명도가 중요했으므로 실제의 할리우드 의상과 무대, 배경 등은 요즘보다 훨씬 원색으로 화려했음을 나중에야 알게 되었다.

일반인의 눈에는 빨, 노, 파 3가지의 원추세포가 있고 각 세포마다 100가지씩 농담의 차이를 느낀다고 한다. 이 세 가지의 조합은 100만 가지의 색상 차이를 만들어 내는데, 이 중 한 가지에 이상이 생기면 오직 1만 개로 줄어 버리게 된다. 이걸 색맹이라고 한다. 색맹(Color Blindness)은 남자의 경우 약 6%가 된다고 하고 여자는 0.4% 정도여서 남자들에게 많은 현상이라고 알려지고 있다. 운전면허 갱신할 때 거치는 경우 외에는 일반인들은 그냥 잊고 지나간다. 그 '흑백의 기억'이 요즘에 새롭다.

한편으로 미맹(味盲: Taste Blindness)이라는 게 있다. 정상인들이 느낄 수 있는 맛을 전혀 모르거나 다른 맛으로 느끼는 것을 말한다. PTC(Phenylthiocarbamide)라는 물질로 가려내는데, 보통은 '쓴맛'으로 느낀다. 백인들은 30%, 황색인들은 15%, 흑인들은 3%가 이에 해당된다고 한다.

가령 음식점 주방장이 미맹일 경우에는 문제가 심각해질 수 있다. 달고, 짜고, 맵고, 신맛 등, 이 쓴맛의 강도에 따라 수십, 수백 가지의 음식 맛이 달라지기 때문이다. 보통 술의 쓴맛을 못 느껴서 말술을 마시는 경우나, 눈으로 즐기는 외식을 자주 하는 경우, 거식증의 경우에는 이를 확인해 볼 필요가 있겠다.

지난 3월 16일 울산 시청, 김기현 울산시장에 대한 압수수색을 두고 자유한국당 장제원 공당 대변인은 경찰에 대해서 '정권의 사냥개가 광견병까지 걸려…, 미친개는 몽둥이가 약이다.'라고 했다.

'개' 자체는 인간과 가장 가까운 동물이다. 그러나 '개새끼'는 인간의 기준으로 볼 때에는 '패륜의 산물'이라고 봐서 '욕'이다. 영어의 'Son of bitch'도 'bitch'가 '암캐'라는 본래의 의미가 있으니 욕에 대해서는 동서양이 같다. 훨씬 이전의 일이지만 이명박 정권 시절에 이런 비슷한 일이 공중파 방송에서 일어났었다.

2012년 5월 26일 한 TV 토론에서 전원책이라는 분이 상대 토론자에게 '김정일, 김정은 개새끼라고 해 봐라. 그렇게 못 하면 종북이다.'라면서 상대 토론자를 몰아붙인다. 6년 전 일이다. 말하는 분들은 경험의 산물이 말을 통해서 무의식중에 밖으로 나왔을 것이다. 세월이 흘러 주인처럼 부렸던 '개'가 어느 날 '개새끼'로 보였을 수가 있겠다.

같은 당 홍지만 대변인은 3월 28일 세월호 사고 초기 7시간에 대한 검찰 조사 발표를 보고 또 한 번 황당한 발표를 잇는다. '진실이 밝혀졌다. 이제 7시간으로 국정 농단한 세력, 시민 단체, 촛불 등 주범들은 석고대죄하라.' 물론 두 사안을 곧바로 사과와 취소로 봉합하려 했지만 평소에 어떤 눈과 어떤 맛을 보고 느끼면서 살아왔는가를 여실하게 보여 줘 버렸다. 영화는 관중의 눈에 맞춰야 하고, 음식은 손님의 입맛에 맞춰야 된다는 사실조차 모르는 사람들이 국민들을 상대로 정치를 하고 있었다.

색맹인 분이 영화를 찍을 수도 있고, 미맹인 분이 주방에서 일할 수도 있다. 다만 자기의 눈과 혀를 절대로 믿어서는 안 된다.

그러면 '멋도 상(象)도 모르는 개새끼'가 되어 버릴 수도 있다.

2017. 4. 1.

백성, 국민, 그리고 시민
(19대 문재인 후보 당선)

'그것이 그것 아닌가?'

백성이나, 국민이나, 시민이나, '생각해 보니 약간 다른 것 같기도 하고', 백성이면 어떻고, 국민이면 어떻겠는가, 시민, 언제 그런 게 밥 먹여 줬나?

19대 대선이 끝났다.

전임 대통령의 부재중에 치룬 선거이다 보니 당선되자마자 취임했다. 외교 관계국 정상들과 현안을 논의하고 내치의 안정을 서두르고 있다. 여태까지는 보기 힘든 여러 장면들, 특히 이전 정권에서는 상상도 못 할 일들이 순식간에 이뤄지고 있고 급속도로 나라가 안정된 모습을 잡아 가고 있다.

그러나 이런 장면들은 낯설지 않은 장면들이다. 2002년 노무현이 등장했을 때도 그랬다. 2008년 버락 오바마 미 대통령 취임 때도 그랬었다. 오히려 이런 게 이상하고 비위짱 틀리게 느껴지는 분이 있다면 이 세상이 그런 본인들을 어떻게 볼 것인가 자문해 볼 필요가 있지 않겠나 생각한다.

알다시피 한국의 근대화는 외세에 의해서 진행되었다. 아무리 '국민이 주인'인 공화정을 이야기해도 딴 나라 이야기로만 생각하고 있었다. 여러 이유 중에서도 '착한 백성과 나쁜 위정자'의 조합이 그 결정적인 원인이다.

태어나면서부터 '왕의 편안함'과 '자신의 행복'이 비례한다고 믿고 평생을 살았던 착하디 착한 백성들이었다. 그런데 조선 왕권이 무너진 다음에 느닷없이 국민들에게 주어진 나라 권력들은 조금 더 배웠다는 눈치 빠른 사람들의 몫이 되어 버렸다.

이 사람들이 그 권력을 나라를 위해 쓰지 않고 자기 자신들만을 위해 사용했던 욕된 역사가 바로 엊그제인 6개월 전까지 이어져 왔다. 다시 말하지만 천박하기 짝이 없는 역사이자 부끄러운 역사이며, 일고의 가치마저 의심이 가는 치욕의 역사인 것이다.

공부 잘해서 좋은 학교 나오고 스스로 노력해서 얻은 것이니 자기를 위해서만 쓴다 한들 무슨 큰 잘못일까마는 아무리 그렇다고 해도 지금이 어떤 세상인데 못 배우고 가난한 사람들을 멸시하고, 끼리끼리 어울려 날마다 머리카락 크기 하나 가지고도 키 재기 하면서 우쭐대고, 그것도 부족해서 지역으로, 돈으로 편을 가르고 세상을 도탄에 빠지게 만든 이 땅의 천하고 야박한 소위 '천박한 기득권'들은 이번 19대 대선에서도 이미 변할 대로 변해버린 세상임을 까마득히 모르고 있었다. 그 착한 백성들을 부추겨 '빨갱이 타령'이나 하다가 말았다. 그럼에도 숙고하기는커녕 새로운 싸움을 준비하겠단다. 누구와 무엇을 위해서…?

세상은 벌써 국경을 초월한 '시민사회'로 변해 버린 지 오래다. '정의, 생명, 자유, 평등' 인류 공동선에 대한 묵계와 동의가 통용된 지도 오래다.

미국의 대통령이나 아프리카 어느 나라 대통령의 잘잘못도 그 나라 국민이 아닌 국제 시민사회에 '국격'이라는 잣대로 매일매일 심판대에 올려지는 세상인 것이다.

바로 6개월 전 한국도 '이게 나라냐?'의 반열에 올려지는 수모를 당했다.

그럼에도 불구하고 국민을 '국가'에 가두어 놓으려는 수많은 국가들이 아직도 세계 도처에 즐비하다.

중국과 러시아가 그렇고 미국도 그러려고 하고 있다. 그러는 가운데 6개월간 지속된 한국의 무혈 '촛불 시민혁명'은 전 세계사에서 그 유래를 아무리 찾아보려 해도 없다.

민주주의 역사의 서막인 '프랑스 대혁명'마저 그 과정을 비교했을 때 감히 견줄 대상 자체도 못 된다.

우리 스스로 대견할 정도를 훨씬 넘어선 것이다. 그 어느 나라가 피 한 방울 흘리지 않고 현직 대통령을 시민의 손으로 끌어내릴 수 있겠는가. 일촉의 안보가 위중한 시기임에도 끄떡없이 새로운 정부를 탄생하게 만든 이 자부심을 그 어느 나라가 흉내라도 낼 수 있겠는가.

국민 모두가 그런 건 아니었다. 아직도 '백성'으로 되돌아가고픈 분들이 있을 수 있겠고, '국민'이어야 마음이 편한 분들도 있다. 40% 남짓의 훈련된 시민들, 그들이 이렇게 장한 역사를 만들었다. 한국 시민들만의 차원이 다른 '격조'인 것이다.

향후 한국 정치에서 정치인들이 무슨 선택을 받기를 원한다면 '백성에서 국민으로', '국민에서 시민'으로 급속하게 변해 버린 유권자 의식을 따라잡지 못하면 발 디딜 틈조차 없을 것이다. 이 대명천지에 1백 년 전의 '백성'들을 찾거나 국가 속에 '국민'들 몰아넣어 '애국'이라는 허명의 전근대적이고 시대착오적인 국가주의의 부활을 상상하고 있다면 아마도 그들의 말을 빌려서 '스스로 궤멸'당해 버릴 것이기 때문이다.

2017. 5. 13.

통합민주당 대표 시절 문재인 의원실에서

재조산하(再造山河)

2007년 12월, 이명박 대통령이 당선되고 나서 서울시에서 정무부 시장을 했던 인연으로 대통령직 인수위에 참여했던 정두언은 문재인 정부 출범 1주일 만이던 엊그제 이렇게 토로했다. 당시 일국의 내각을 구성하는데 종이로 된 자료 하나 없이 대통령과 이상득(형님), 박영준(이상득 비서), 정두언 자신, 이렇게 4명이 테이블에 앉아서 '누구는 무슨 장관이 맞겠고, 어떤 부처에는 누구 생각나는 사람 없나요?' 하는 식으로 장관 인사를 했다는 것이다. 그렇다 보니 그다음 날부터 물밀듯이 인사 청탁이 쇄도하고 손쓸 겨를도 없이 탄생한 게 고소영(고려대, 소망교회, 영남권), 강부자(강남 땅 부자) 내각이었다고 한다. 덜컥 겁이 나서 '아니 되옵니다.' 몇 번 했더니 며칠 못 가서 자신은 인수위에서 쫓겨났다는 것이다. (5/17 라디오 방송)

2012년 박근혜 대통령의 인수위에서는 내각과 청와대에 주로 '예스맨'이 몸에 밴 군 출신, 검사 출신들의 이름만 '밀봉 봉투'에서 꺼내 당시의 윤창중 대변인이 발표하게 했다. 질문하는 기자도 없고 왜, 그 사람을 발탁했는지는 오직 박근혜 대통령 수첩에만 있었다.

필자는 한국도 아닌 이곳 워싱턴에서 하다못해 구멍가게도 이렇게 하면 안 되는 게 아닌가 하고 '건의(?)' 비슷한 글들을 썼다. 주변에서 칭찬할 건 하면서 비판도 해야 되는 게 아니냐고 하시는 분들도 있었다. 곧 백 번 맞는 지적이지만 오늘에 와서 이제 제 말이 맞았으니 '거 보세요.' 한다기보다는 어떻게 이렇게 우매한 사람들에게 권력이 쥐어져서 민족과 후세들에게 씻지 못할 뼈아프고 값비싼 교훈을 남기게 되었는지 같이 되돌아볼 일이 아닌가 한다.

　인수위도 없이 곧바로 직무에 들어간 문재인 정부는 막상 청와대에 들어와서 보니 설령 화재로 불이 났다고 하더라도 타다 남은 재라도 있을 법한데 비서실에 10페이지짜리 보고서 한 장 남겨져 있고, 모든 컴퓨터에는 자료 하나가 없으며, 기타 자료는 30년 동안 열람할 수 없이 봉인되어 있었다. 대한민국 역사에서 '박근혜 4년 반'은 송두리째 없어져 버린 것이다. 그런 무정부 상태와 산적한 외교 안보 현안을 앞에 두고 야당의 협조를 구하고 국민을 하나로 묶는 것이 그야말로 전광석화와 같았다. 국민의 국정 지지도가 82.3%(리얼미터 5/22)로 어지러울 정도이다. 새 정부가 이걸 좋다고 마냥 즐기고만 있을 것으로 보는 국민은 없는 듯이 보인다.

　그 첫째가 '사람'이고, '인사'였다. 누가 몰라서 그랬겠는가, 이번 발탁 인사들은 어느 날 하늘에서 뚝 떨어진 사람들이 아니다. 어디서 그런 숨은 인재들이 그렇게 조용하게 실력을 감추고 있었는가 하는 것도 그렇지만 어떻게 그런 분들을 찾아낼 수 있었을까?

　섣부르기는 하지만 가히 재조산하(再造山河), 즉 '나라를 다시 만들다.'에 대한 기대로 국민 여러분들이 편한 듯하다. 채 2주도 되지 않았는데 이렇게까지 거의 전 국민을 거의 하나로 '통합'을 이룬다는 자체에 필자도 어리둥절하기만 하다.

　반면에 살고 있는 미국의 트럼프 정부는 필자의 눈에 시간이 갈수록 한국의 이전 이명박근혜 정부를 합해 놓은 것처럼 보인다. '거짓말과 위법'이 이미 그 도를 넘어서고 있다. 예단은 금물이지만 한국의 전철을 그대로 밟을 것 같다는 생각에 미국민들의 시름은 깊어만 간다. 당연한 이치지만 이민 오신 지 오래된 분들일수록 미국보다 어쩌면 더 선진 민주주의를 구가하고 있는 조국 대한민국의 현실을 제대로 이해하려 하지 않는 듯하다.

　미국 국민들도 '트럼프 정부에 대해서 이게 아니라고 하는데…'도 미국에 사는 일부 한인분들은 미국이 저절로 나아질 것이라고 낙관하는 대신 한국은 스스로 나라를 재건하고 바꾸는 능력이 없다고 생각하시는 분들이 여전히 많은 것 같다. 그것은 한국 대선 한 달 전에 '문재인이 대통령이 되면 미국이 북한을 선제공격한다.'는 한국 보수 언론의 사설들이나 이와 비슷한 가짜 뉴스들을 카톡 방에 퍼 나르기에 바쁜(?) 모습들을 보니 그렇다.
　어느 사회든지 잘못에 대한 비판도 좋지만 잘하는 걸 보고 긍정적으로 바라볼 줄 아는 것은 '재조산하'까지 갈 필요도 없다.
　각자 자기 자신의 여생을 더욱 풍족하게 할 것이다. 그 선택도 물론 각자의 몫이겠지만 말이다.

2017. 5. 24.

민주주의 수출국 대한민국

역사에 대해서 관심을 갖다 보면 어떤 역사적 사실과 그 사건의 배경과 결과는 인류 역사 발전에 영향을 주고받게 되는데, 그 출발점, 즉 '그 연원(淵源)이 어디에 있는가.'를 알고 싶어진다. 이것은 마치 강물이 시작되는 깊은 산골짜기의 어느 지점을 찾아가는 과정과 흡사하다. 또 위인들의 생가터나 'Historic area'를 지정하는 것도 이 같은 맥락이다. 그런 역사(歷史)와 사조(思潮)들을 전달하는 매개체가 '문화(文化, Culture)'라고 생각한다. 문화는 우연인 듯하지만 단순한 한두 가지에 의해서 생성되거나 전달되지 않고 축적된 노력의 결과로 만들어지고 전해진다.

미국의 서북미 세인트 헬레나 화산에서 1980년 5월 18일에 금세기 들어 지구상에서 가장 큰 폭발이 있었다. '필연은 우연의 옷을 입고 나타난다.'라던 역사학자 E. H Carr(Edward Hallett Carr, 1892~1982)의 말처럼 광주 5·18 항쟁도 같은 날 일어났다.

미국에서는 1989년 LA에서 폭동이 일어나서 '국제 민주주의 파수꾼'이라는 미국의 민낯을 여과 없이 보여 주었다. 살인과 약탈, 방화에 경찰력은 무력했고, 시민들은 더 이상 시민일 수 없는 행동들을 저질렀다. 그로부터 28년이 지난 2015년에는 미동부 볼티모어에서도 비슷한 저항과

21

폭동이 있었다.

위 세 개의 폭동은 부당한 공권력에 기인했던 바는 비슷했다. 그럼에도 '광주'는 세계 민주주의 발전의 역사와 문화로 자리매김하고 있고, 또한 그래야 되는 여러 가지 조건을 갖추고 있다. 2016년 후반기부터 한국에서 시작된 부당 권력에 대한 '촛불 시민 저항'의 근저에는 '비폭력 평화'라는 성공하기 쉽지도 않고 그 사례도 흔치 않을 '5·18 정신'이 있었던 것이다.

그런 광주에서도 살인이 있었다. 거의 일방적으로 비무장 시민들에게 국가가 저지른 살인이었다. 그래서 시민들은 생존을 위해 저항했고 6일간(5/22~5/27)의 '해방 광주'를 맞았다. 그 기간 동안에 단 한 건의 약탈도 없었고 차원이 다른 '시민 자치'의 진수를 보여 주었다. 물론 일부 공공기관의 방화 사례는 있었다. 시민 자치가 이루어지기 이전인 계엄군 치하에서 '진실 보도를 외면한 MBC 방송국'(5/20일), 국민 세금으로 국민을 위해 존재하는 군인들이 시민을 학살한 데 따른 광주세무서(5/21일) 방화가 그것이다.

엊그제인 5월 26일 필자는 뉴욕 유엔 본부에 가서 매우 값진 행사에 참석했다.

'Mission of korea Gwangju Diary'(자유와 민주주의을 위한 광주의 기억)이라는 행사였다. 물론 광주 5·18은 유네스코에 이미 세계기록유산(2011/5/23)으로 등재되어 있다.

세계 민주주의와 인권의 상징이 된 것이다. 워싱턴 '링컨 광장'과 비슷한 것으로 보면 맞다.

오늘날 프랑스의 국가인 '라 마르세에즈'도 프랑스 혁명 당시 제작되어 몇 차례 금지곡이 되었다가 국가로 지정되었는데 그 가사를 보면 도저히 '국가(國歌)'라고 보기 어려울 정도로 자극적이고 전투적이다. 광주 5·18을 배경으로 탄생한 〈님을 위한 행진곡〉도 국내에서는 곡절이 있었지만 민주주의와 인권을 갈망하는 세계 도처에서 번안곡으로 다시 태어나고 있다는 것을 보고 놀랐다.

행사 진행 내내 발표자들이 지난가을 '한국의 촛불 시위'와 한국의 새로운 대통령의 탄생에 경의를 표하고 한국의 민주주주의 발전에 감탄과 격려를 보내고 있었고, 특히 제3세계라고 할 수 있는 아프리카 지역에서는 그런 한국 민주주의 진행 과정을 어떻게 수입할 수 있을까를 절절하게 연구하는 듯했다.

행사에 참석하여 앉아 있는 많은 한인 동포들의 얼굴은 전에 없이 밝고 자신에 찬 모습이었다. 함께했던 필자는 '자긍심과 두려움'이 교차하는 묘한 생각을 했다.

아차 하는 어느 한순간에 민주주의가 퇴역행 되어 버리는 현실을 뻔히 목도했기 때문이다.

아직도 많은 숙제가 산적해 있지만 분명한 것은 '광주 5·18 정신'과 '촛불 시민 정신'은 이제 국제사회에 하나의 '민주주의와 인권의 수출품'이 되고 있다는 것이다. 그것은 놀라우면서도 당연한 현실이다. 또한 지키고 보존하고 발전시켜 나가야 할 숙제이기도 하다. 살고 있는 미국의 트럼프 정부를 보면 더욱 실감이 난다.

2017. 5. 30.

유엔 본부 행사 장면, 2017년 5월 26일

아이돌 콘서트 같았던 동포 간담회

이번에 '촛불'이 아니었다면 있지도 않았을 19대 문재인 대통령의 미국 방문 일정 중에 '재미 동포 오찬 간담회'에 초대를 받아서 여러분들과 함께할 수 있었다. 미국에 살면서 처음 있는 일이었다. 현재 미국에는 비공식 집계로 230만 명의 한국 출신자들이 살고 있다. 5천 명 중에서 1명씩 초대받은 비율이라고 봤을 때 우쭐하기보다는 초대받지 못한 분들에게 미안한 마음이었다. 워싱턴 D.C 주변에 살다 보니 그런 귀한 초대가 이루어졌다고 생각한다. 언어와 문화가 다른 타국에 나와서 정착하고 살아간다는 것이 결코 만만치가 않음은 주지의 사실이다. 떠나온 조국은 '연로하신 부모님' 같기도 하고, '출가한 자식' 같기도 하다. 주변에는 가끔씩 다소 박절하게 '한국 상황 불관여'를 신념처럼 말하는 분들도 많다. 부모 형제와 의절하겠다는 말로 들리기도 한다.

아이돌 가수의 효시라고 하는 '서태지와 아이들'이 1992년에 세상에 나왔으니 벌써 25년이다. 그런 아이돌 콘서트에 가 본 적이 없다. 필자는 당시에 30대 중반이었으나 괴성을 지르고 마구 뛰고 하는 모습을 화면으로 보면서 다소의 이질감을 느꼈던 게 솔직한 심경이었다.

물론 '정치'라는 것도 모두를 만족시키기에는 기술적으로 불가능하다. 물론 선거 시기에 있었던 후보에 대한 호불호에 따라 이런 자리가 각자에게 달랐을 것이지만 오래도록 이런 자리에 참석해 봤던 분들(?)에게는 그날의 콘서트 같았던 간담회 분위기가 무척 당황스러울 수도 있었겠구나 하는 생각이 든다.

또한 방문 2주 전에 있었던 문정인 특보의 '북핵을 중단한다면 한미 합동 군사훈련을 축소할 수 있다.'라든가, '사드 배치 문제로 한·미 동맹이 깨진다면 그건 동맹이 아니다.' 감히 외교를 앞두고 판을 깨고 있다고 일부에서는 호들갑들을 떨었고, 전례적으로 한국의 대통령이 미국에 오려면 마치 '조공' 바치러 오는 것처럼 납작 엎드려야 되고, 갖다 바치면서도 '감사히 받아 줘서 또 감사합니다.'만 하고 되돌아가는 모습에 익숙해 있던 터에 평양에서 벌어진 미국 시민 웜비어 사망 사건은 미국의 대북 초강경 자세로 엉뚱하게 한국 대통령이 아주 초주검이 될 것으로 알았기 때문이다. 그런데 미국에 와서 초롱초롱한 눈을 더 초롱하게 뜨고서 말 한마디, 글자 하나까지 '국가 대 국가'로서 당당했던 모습은 그래서 더욱 놀라웠을 것이다.

오늘날 국가 간의 외교에서는 말할 것도 없이 '경제' 이슈가 가장 중요하다. 개인 간에도 그렇지만 '주고받는 관계'라야 이상적이고 건강하다. 그러나 우리의 조국은 항상 '경제'보다는 '안보'를 앞세우는 경우가 대부분이었다. 제3자가 보면 아주 불공정하기 짝이 없게 보이지만 이를 숙명으로 받들고 외교 로드 맵을 짜야 했다. 문재인 정부 이전의 두 정부에서는 경제적 양보는 기본의 기본이고 안보에 있어서도 반쪽만 성사되더라도 '황공무지'하게 생각하고 동포들을 모아 놓고 자화자찬을 하였다. 이번 미국 방문에 안보 문제는 거의 문재인 정부가 하고자 하는 모든 걸 이루었고, 경제 문제도 아주 치밀하고도 영리하게 대처했다고 생각한다. 이전과는 판이한 성과라는 것이다.

모든 공식 일정을 마치고 귀국 비행기가 대기한 상태에서 가진 동포 간담회에서는 무질서(?)하게 웃고, 박수 치는 젊은이들에게는 예외 없이 다감했고, 어른들께 공손하며, 장년들과는 '사람 대 사람'으로 대해 주는 데 전혀 인색하지 않았다.

다시는 '이게 내 조국이냐!'며 한탄하는 일이 없도록 하겠다고도 했다. '남북 관계의 운전대를 우리가 잡겠다.' 이 얼마나 바라던 말인가. 밖에서는 강하고 안으로는 한없이 부드러운 모습을 보았다.

알려진 대로 문재인 대통령은 요즈음으로 치면 '탈북자의 자손'이다. 그런 그에게 두 번의 대선 기간 동안 야당과 일부 언론에서는 뭐라고들 했었던가. 그러나 다행인 것은 그랬던 분들일수록 인수위 없이 출범 후에 보여 준 모습에 생각이 바뀌고 흡족해하는 것 같아서 같이 기쁘다.

극복해야 할 산 같은 국가적 대사 앞에서 앞으로 이보다 더 기쁜 날은 없을지도 모르겠지만 '하나를 보면 열을 안다.'고 했다. 성숙되고 건강한 국민들이 모처럼 공연장에서 하나 되어 행복한 모습을 연출 없이 보여 준 하루 같았다.

'나라다운 나라의 국민'임을 보다 더 많은 분들과 함께하지 못해서 아쉬웠다.

2017. 7. 1.

당시의 한국일보 기사

백악관 옆 영빈관 앞의 환영 인파

28

이것이 촛불의 명령이다

문재인 정부는 스스로를 '촛불 정부'라고 부른다. 왠지 벌써부터 이를 식상해 하려는 시류들이 있어 보인다. 지금은 입장이 바뀌었지만 한국의 집권당이라고 하는 집단에 대한 오랜 관성, 이를테면 '부패, 군사 문화, 종속적 사고, 학벌주의 등' 공화정이지만 여전한 '국민은 선거 때만 잠시 썼다가 여지없이 버려 버린다.'는 관존민비적' 적폐에 대한 반감과 반작용이 있다.

이런 집권여당에 대한 '관성적 비판 의식'이 무섭게 자리하고 있어서 문재인 정부가 이전과는 판이한 지극히 정상적인 정국 운영을 하고 있는데도 정부의 정책이나 운영에 대해 야당은 '대안 없이 반대만' 하는 것으로 국면을 전환해 보려고 눈물겨운 투쟁(?)을 하고 있는 듯하다.

문재인 정부의 취임 2개월이 지난 현재의 야권 1, 2당의 정당 지지율 (7/4 디오피니언)은 자유한국당 (4.3%), 국민의당(3.4%)이다. 국민들은 여전히 무서운 회초리를 더욱 꼭 쥐고 있다고 볼 수 있다.

촛불이 한창이던 2016년 11월 17일. 새누리당의 김진태 의원은 100만 촛불을 보고 난 뒤에도 '촛불은 촛불일 뿐, 바람이 불면 꺼진다. 민심은 언제든 변한다.'고 했다. 이 말은 날씨도 추워지고 '3번째까지는 촛불 집회를 계속해 보자'고 했던 민심을 그 후로도 20회 더 1,700만 명을 그 혹한에 이겨 내도록 만들어 버렸다. 그랬던 그는 해가 바뀌고, 정권이 바뀐 2017년 5월 17일 공직선거법 위반 '허위 사실 공표'로 벌금 200만 원 선고를 받게 된다.

사실, '그 가냘픈 촛불로 무엇을 이룰 수가 있을까?' 들고 있었던 나 자신마저도 반신반의했었다. 가끔 추모의 의미로 마음속으로만 삭이기가 그렇고 해서 뭐라도 조그만큼 '공동체 동참 의식적 도구' 정도가 필요하겠다 생각했었고, 말마따나 바람 불지 않고 가만히 내버려 두어도 꺼지는 게 '촛불'이었을 수도 있다. 그러나 비록 김진태 의원으로 대변되지만 여전히 그 촛불의 의미와 열기가 가라앉기를 학수고대하는 집단과 부류들이 있다는 것이다.

며칠 전에 '한국인보다 더 한국을 잘 아는 외국인 경희대 임마누엘(한국명: 이만열) 교수는 '그 똑똑하고 영리한 한국의 석학들은 왜 한국인의 입장에서 독립적인 생각을 못 하는가?' 라고 했다. 그는 한국의 인재들은 한국이 처한 동아시아에 대해서 훨씬 뛰어난 통찰력을 지니고 있음에도 불구하고 일본 기업으로부터 스폰를 받아 운영하는 전략국제문제연구소(CSIS)의 마이클 그린 같은 미국과 일본의 이익을 대변하는 사람의 글을 해석하고 받아쓰고 전달하는 것에 온 힘을 쏟고 있는지도 모르겠다고 했다.

지금 한국의 문재인 정부는 전 세계에서 가장 확실한 정당성을 갖추고 있는데도 그런 장점을 살리지 못하고 있다. 비교되는 필리핀은 소득과 교육 수준이 훨씬 낮은데도 불구하고….

'상대에게 솔직하게 자기주장을 한다.'라고 하면서 이는 오랜 식민 시대와 사대주의 영향인 것으로 분석하며 글을 읽는 사람들을 부끄럽고 오그라지게 만들어 버렸다.

미국을 다녀간 지가 벌써 일주일이 되어 가지만 방미 후일담들로 SNS나 팟캐스트 방송은 그 열기로 아직 뜨겁다. 왜 그런지 이해들을 못하는 건 아직도 문재인 정부에 대해 온전한 정리가 안 되어 있는 국내의 국적 불명의 언론과 그 언론들이 흩트려 놓은 혼란에 익숙해 있는 지극히 일부 국민들뿐이다.

'YOU should be very proud of your country.'

미국 백악관 주변에서 흔하게 벌어지는 각국 국가 원수들의 크고 작은 만찬을 일상으로 겪고 있는 당시 동포 간담회장을 지키는 미국 경관에게 이렇게 열광하는 이유를 물었다. 그 자리에서 금방 인터넷 검색을 하고 난 뒤에 '촛불'로 탄생한 '촛불 정부'의 의미를 알고 엄지척을 하면서 건넸던 말이 언론을 통해 재생산되어서 인터넷에서 회자되는가 하면,

호텔 인근에 있는 커피숍에서 3년을 근무한 분이 '이처럼 많은 인파가 이렇게 열렬한 지지를 보내는 걸 처음 본다.' 역시 검색해 보더니 '한국 국민들이 부럽다.'라고 했다.

잠시 본국에 들렀다가 오늘날 국제 외교의 본선 무대라고 할 수 있는 G20 참석을 위해 베를린에 도착해서도 워싱턴의 열기는 그대로 전해졌다. 이곳에 모인 세계 최강 20개국들이 외교적 실리도 실리지만 국가 정

상들이 국내 상황의 반전을 외교에서 꾀해 보려는 것은 아주 흔하다. 미국과 일본도 그렇게 보인다.

아마도 한국과 독일 간은 민족적 분단, 정치적 상황의 유사성 때문이기도 하겠지만 회의 주최국으로서 정신이 없을 미르겔 독일 총리의 각별한 배려도 그렇고, 쾨르버 재단에서의 한반도 평화 구축, 통일에 대한 연설은 그 주제가 너무나 선명하고, 의지가 '뚝뚝' 떨어지는 명연설이었다. 내로라하는 각국의 외교 각축장에서도 '대한민국의 대표 선수'는 국민들에게 믿음직하기만 하고 걱정과 우려를 남겨 놓지 않았다.

그 배경에도 역시 '촛불의 힘'이 있다고 생각한다.

한국 갤럽은 문재인 대통령의 7월 1주 차 직무수행평가를 83%로 발표를 했다. (갤럽 2017/7/7) 물론 일부 야당들의 자학적 행태와 선거전 조작 사건의 영향은 있다고 하나

80%대 지지율 박스권을 당최 벗어날 줄(?)을 모르고 있다.

역시 언제까지 이런 추세가 이어지리라고는 생각지 않는다. 높아도 너무 높아서 걱정 아닌 걱정을 하게 되는 것이 고민 아닌 고민이다. 나 혼자만의 생각은 아닐 것이다.

그렇지만 과거와는 다른 게 보이기도 하고 달라져야 한다. 그것은 'TOP이 BOTTOM을 BOTTOM보다 더 정확하게 알고 있다.'고 생각되고, TOP 주변의 거의 모든 STEP들 또한 이를 필터링 없이 체크하는 것들을 눈앞에서 볼 수가 있었다.

감히 예단해 보건대 그 '촛불'을 배신하지 않겠다는 것만은 분명해 보인다.

국내 상황이 다소 어려워 보이는 것은 아직도 '촛불'이 무엇인지, 무슨 의미인지를 갖고 있는 것인지 전혀 감을 못 잡고 있는 국내 정치 카운터 파트너들과 그 '촛불'과 맞서 보려는 일부 언론들이 세상 돌아가는 내용도, 세계적인 상황도 모른 듯하게 전하고 있기 때문이다.

'5년만 어떻게든 참고 견디자(?)'는 세력들이 남아 있다면 촛불을 거스르는 것에 멈추지 않고 어쩌면 쪽박 차고도 남을 생각임을 알아야 할 것이다.

대한국인으로서 이 어려운 시기에 민족이 바라는 지도자와 함께 오직 민족적 사명감을 가지고 민족과 함께, 민족을 위해, 보무당당한 그 촛불의 대열에 동참하라.

'이것이 촛불의 명령이다!'
(5년이 지난 현재의 상황을 보니 허탈하고 허망하기 그지없는 세상사이다. 제가 세상을 헛살았습니다.)

2017. 7. 7.

남을 저주하려거든 무덤을 두 개 파라

(취임 100일, 딴지 100일)

의원내각제는 그동안의 대통령제가 갖는 폐해, 즉 권력을 분산시켜 부패를 줄이고 정치적인 안정에 목적을 둔 통치 행태이다. 그러나 한마디로 한국에서는 시기상조다. 현재의 한국 국회의원들의 행태로 봤을 때 의원내각제는 조선시대 '4색 당파'를 뛰어넘는 혼란과 무질서가 여실히 보인다.

헌법이 문제인가, 사람의 문제인가, 사람의 문제라고 보는 게 더 정확할 것이다.

인간은 위기 상황에 처하면 자신의 약점을 끊임없이 개선하려는 시도와 자신의 약점을 감추려는 상업적인 시도를 본능적으로 지니고 있기는 하다. '양심'이라는 것은 '사회적인 용어'이다. '인류의 보편적 양심'이라고 했을 때, 그것은 이 시대의 상식과 상통한다. 이 시대에는 과거처럼 동서양을 갈라서 문화적, 환경적 차이를 억지로 갖다 붙일 필요도 없어져 버렸다. 한국의 일부 야당에는 그런 기본적이고 보편적인 양심조차 없어 보인다.

문재인 정부는 출범 100일을 한 달여 남겨 놓고 있다. 지난 두 달여 간

보여 준 변화만으로도 실로 엄청나다. 7월 19일, '국민의 나라, 정의로운 대한민국'이라는 국가 비전 슬로건 아래 16만여 개의 국민 제안을 정리해서 문재인 정부는 '5년간의 국정 과제'를 발표했다.

국민에 대한, 국민을 위한 다짐이었다. 주인 된 국민을 위해 그렇게 하겠다는 것이다.

선거 당시에 '부동산 투기, 위장 전입, 세금 탈루, 논문 표절 등 이 5대 중대 비리자는 고위 공직자로 임명하지 않겠다.'라는 법도 아닌 선거 공약을 지키라고 지난 두 달간 야당들은 내각 구성을 거의 무조건적으로 반대만 했다.

6개월간 국정 공백 상태에서 출발해서 아직까지도 내각조차 구성하지 못하고 있는 현실에서도 시킨 것도 아닌데 그 바쁜 와중에도 이렇게 국민들께 보고를 한 것이다. 녹록지 않은 여건이지만 하지 않으면 안 될 일들을 자처해서 짊어지고 가겠다고 한다. 이전 같으면 상상을 못 할 일이다.

필자는 1978년 4월에 입대했다. 논산 훈련소에 입소하니 초봄이라서 상하 속내의를 지급받았는데 언제 적에 만들어졌는지도 모르게 무릎이 해지고, 신축성이 없어 헐렁했다. 아주 특이했던 건 겨드랑이와 가랑이에 조그만 주머니가 달랑거렸다. 뭔가 했더니 '이약 주머니'라는 것이었다. 휴가 나와서 아버지께 물었더니 그런 게 아직도 있느냐고 했다.

그런가 하면 3년 전까지만 해도 사병들에게 2차 대전, 6·25 때 쓰던 수통이 지급된 것을 보고 미사일 한 발 값에 불과한 25억을 들여 25만 개를 지급했다는 김광진 전 의원의 최근 이야기에서 국방과 안보가 최우선이라고 하면서 수십조 원의 국가 방위산업과 국방비에 관한 적폐와 부패의 고리를 끊어 내겠다는 계획도 그 100개 중 가장 우선에 있었다.

국회도 국민을 위하여 만들어진 기관이다. 법을 가장 잘 지켜야 할 기관이기도 하다.

'국민'보다는 '정치'라는 이름으로 슬그머니 숨어서 될 일이 아니다. 이 시대 이 나라 '국민의 바람'이 무엇인지 전혀 모르는 듯하다. 알려고도 하지 않는 듯하다. 국회 자체의 추동력은 찾아볼 수가 없다. 70%대의 문재인 정부의 국정 지지율이 떨어지기만 기다리고, 떨어뜨리려고 하는 '마이너스 정치, 저주의 정치'만을 하고 있는 듯하다.

저주당해도 부족할 사람들이 저주술만 단련하는 듯하다는 것이다.

그때마다 '개헌'을 꺼내 든다. 개헌, 하기는 해야 한다. 헌법 전문도 바꿔야 하고, 부분적으로 정비할 게 없지는 않다. 다만 이런 '국회의원'만을 위한 그 어떤 개헌도 70% 국민들은 찬성하지 않을 것이다. 현재의 야당들이 하는 행동은 '그들만'을 위하는 일임을 '그들'만 모르고 있다고 본다.

그것은 정권이 바뀐 뒤에 일어난 탄핵 재판 과정, 청와대 문건, 야권의 선거 조작 사건 등을 보면 더욱 그렇다. '천박은 비굴을 먹고 자란다.'라는 항간의 말처럼 리더라는 사람들의 비굴하기 짝이 없는 모습, 저렇게 무책임하고 졸렬한 모습에서 더더욱 그런 생각이 짙어만 간다.

'자결'을 택할 수밖에 없었던 동시대의 '의인'과 이렇게도 다른 사람들이 한 나라 안에서 살고 있었다.

2017. 7. 21.

36

다시 '전쟁과 평화'를 생각해 본다
(트럼프& 김정은)

러시아 문학이 우리에게 미치고 있는 낭만은 비록 실제와는 많은 차이가 있을 수도 있겠지만 몇 사람의 작가에 의해서 세파에 찌들은 전후 세대들을 잠시나마 동심에 머물게 하는 강렬함이 있다.

톨스토이나 도스토옙스키의 소설은 그들에게 '문학'이라는 세계를 열어 준 사람들이고, 동화 속에 나오는 인자한 할아버지이며, 결국 인생 말년의 로망을 '여행과 독서'로 잡고 있는 필자의 동반자이기도 하다. 인간 내부의 끊임없는 탐구를 통해서 선과 악을 그려 내고 한 인간의 아주 조그만 욕망에서 출발한 동기가 그의 손에 의해서 국가 간의 전쟁으로 비화되는 것을 보여 주기도 한다. 그래서인지 소설 『전쟁과 평화』는 세계 문학 필독서의 으뜸에 위치한다는 걸 본적이 있다. 변방에서는 혹한에 전쟁이 벌어지고 있는데도 화려한 대저택에서는 '나타샤 왈츠'가 울리는 가운데 나타샤(오드리 햅번)와 피에르(핸리 폰다)가 음악에 맞춰 춤을 추고 있는 장면은 영화 〈전쟁과 평화〉의 가장 상징적인 한 장면이다.

'전쟁과 평화'의 외침이 유난한 한국의 2017년 8월이다. 불과 몇 달 전까지만 해도 전쟁이 아닌데도 결혼을 미루고, 출산을 기피해서 'Hell(지옥)조선'이라고 했는데 취임 100일을 맞는 문재인 정부에게 국민들은

84.1%(YTN 8/16)의 지지율을 보내 주고 있다. 쌓여 있는 난제가 수두룩한 것 또한 현실이지만 지친 국민들에게 희망을 주려고 '애쓰는 진정성'에서 '국가와 국민'이 비로소 한 몸이 되어 가고 있다고 판단하는 것 같다.

그중에서도 외교, 안보 분야는 예측 불허의 상황들이 지속되고 있다.

8·15 광복절 행사에서 '문재인 정부는 모든 것을 걸고 전쟁은 막겠다.'라고 단호히 밝혔다.

이어서 '그 어느 누구도 대한민국의 동의 없이는 한반도에서 군사 행동을 결정할 수 없다.'라고 몇 발자국 멀리 못 박아 버렸다. 주권을 되찾은 지 72년이 지나고 나서야 제대로 된 주권국가의 대통령이 할 수 있는 너무나 당연한 이야기를 듣게 된 것이다.

전 세계 주권국가의 대통령이라면 응당 할 수 있는 말이 '왜 이렇게 늦었는가?', '세계 10대 강국'이라고 한 지가 언제 적 이야기였던가, 그렇다면 그것마저도 모두가 허언인가, 그동안 이런 이야기조차 할 수 없었는지, 못 했는지, 아니면 아직도 '저런 말을 한국 대통령이 감히 함부로 한다.'라고 힐난하고 있는 국민들이 있지나 않는지, 너무나 마땅한 말인데도 한편으로는 허허롭기까지 하다.

남북문제를 그대로 허송해 버린 지난 9년, 오히려 거꾸로 악화시킬 대로 악화시켜 버린 상태에서 출발한 문재인 정부의 남북문제는 말 그대로 '운명이고 숙명'이 되어 버렸다.

남한을 가운데 두고 미국과 북한이 전쟁을 하겠다니 말겠다니, 있는 말, 없는 말, 할 수 있는 말들은 죄다 쏟아 놓고 있다.

'전쟁론'의 아버지 클라우제비츠는 '전쟁은 단지 다른 수단으로 정치를 계속하는 것이다.'라고 해 버렸다. 전쟁은 '애국'이나 '평화' 따위가 아니고 '정치'라는 것이다.

아울러 클라우제비츠는 전쟁 속에는 '증오와 적대감', '우연과 개연성', 정치적 목적 등 세 가지가 섞여 있다고 했다.

이번 트럼프(71)와 김정은(33) 간에 약 40년의 연령 차이를 두고 막장으로 벌이고 있는 말장난(?) 같은 일은 그 '두 번째 경우', 즉 '우연과 개연성'에 해당될 염려가 조금 있어 보인다.

이에 대해서 문재인 대통령이 '철딱서니 없는 말 좀 그만하라'고 양쪽을 나무라는 것 같다.

어렸을 때 집에서 꾸중 받을 일이 생기면 이웃에 사는 이모와 함께 집에 들어가야 순간을 모면할 수 있었다. 부부 싸움 끝에 친구를 대동하고 같이 집에 들어가야 하는 이유도 비슷하다.

철없고 주체적이지 못하다는 걸 한참 지난 다음에야 깨닫는다. 반대의 경우도 있다. 어찌 보면 북한이나 미국이나, 정확히 말하자면 트럼프나 김정은이나 끊임없는 대외적 긴장 상황이 필요하다.

그 긴장할 상대가 있어야 국내적 내부 단속이 비교적 쉽다. 국민을 일시적으로 속이는 것이다. 이것을 소위 '적대적 공생 관계'라고 했다.

70여 년 민족 통일을 이루지 못하고 있는 가장 큰 원인을 '남북한의 위정자'들에게 묻는 것은 남북문제에 있어서 이미 고전이 되어 버린 지 오래다.

위 두 사람은 옆에서 누군가가 자신의 심정을 대신해 줄 상대가 누군 지를 전혀 모르고 있거나 '문재인 정부'가 들어서면서 그 상대가 갑자기 없어져 버렸다. 그 일을 담당했던 사람들이 누구인지는 각자가 판단해 볼 일이다. 그래서 당황스러운 것이다. 철이 없는 철딱서니들에게 함부 로 까불지들 말라는 문재인 대통령의 경고(?)를 저들이 알아나 먹을까?

2017. 8. 17.

'뭐라고 말씀하시겠습니까?'

(KBS, MBC)

살다 보니 '세월이 화살처럼 빠르다'거나 '속절없다'는 표현이 몸에 배고 친숙해(?)지려고 한다. 눈 깜짝할 시간에 너무나 많은 것들이 낯설 정도로 그 변화가 빠르다.

휴가철이라고는 하지만 '휴가'라는 것이 뭔지 모르고 살아온 세대라고 감히 부르고 싶은 '전후 베이비붐 세대' 딱 중간 나이(1957)에 있다. 한국전쟁 후에 태어난, 1955~1963년생들이 바로 그들이다. 비록 어린 시절이었지만 치열했던 부모들의 삶이 그대로 투영되어 있어서 그들 또한 딱 그 부모들의 대물림 세대일 수밖에 없었다. '휴가는 놀러 다니는 것이고, 논다는 것은 사치이며 낭비이다. 심지어 방탕이고 죄다.'라고까지 생각하며 일밖에 모르는 부모들 밑에서 자라나야 했다. 아무리 세대가 달라졌다고는 하지만 그들이 한창일 때인 1970년대까지도 한국은 '싸우면서 건설하자.'라는 구호밖에 달리 선택의 여지가 없었다.

부모와 선배를 공경하는 마지막 세대이자, 그런 대우를 받을 수 없는 첫 세대들이기도 하다.

학생들은 '3당4락(3시간 자면 합격, 4시간 자면 탈락)'을 책상머리에 붙여 놓아야 했다. 남대문 시장은 좀 더 일찍 물건을 사려는 지방 상인들이 몰려든다. 새벽 4시 통금 제도가 해제되자 점점 개점 시간이 빨라지더니 결국에는 3시, 2시, 1시로 당겨지기에 이른다. 경쟁 옷 가게보다 조금이라도 늦게 문을 열면 이미 파장이다. 그래서 밤 12시에 문을 닫았다가 새벽 1시에 다시 열어야 하는 일까지 생겼다. '졸면 죽는다.'라고 생각하고 살았다. 그래서 '경쟁'은 그들에게 있어서 삶의 일부가 아니라 전부일 수 있다. 그래서 그럴까.

그런가 하면 일찍이 니체는 인류가 앞으로는 기존 질서(神)의 거부 형태로서의 자신의 존재를 재발견해 나가게 될 것이라는 걸 예단했다. 오늘날의 '개인주의' 사조의 도래를 알았던 것이다. 지금은 너무나 당연시되는 일들이지만 '신(神)은 죽었다.'라면서 전체주의와 국가주의를 부정하고 개인주의의 출발점을 이루는 '실존주의(實存主義)' 철학을 세웠다.

이민 생활에서 이민자들이 느끼고 경험하는 크고 작은 문제들, 특히 의식주에 매달렸던 초기 정착 생활이 어느 정도 지나고 나면 부차적인 '안전의 욕구'를 찾아 무의식적으로 과거의 경험을 토대로 공통분모를 찾으려고 한다. 모임의 필요도 느끼게 된다.

'왕따'라는 말이 있다. '집단 따돌림'이라고 하는 사회적 용어이다. 이것은 사회적인 약자가 집단에 속하려고 하는데 이들을 괴롭히는 것이다. 이에 반해서 '스스로 왕따'도 있다. 오히려 더 많다. 집단으로부터 '스스로 고립의 길(自閉)'을 자초하는 현대인들이 의외로 많다는 것이다. 그것은 대인기피증, 선민의식, 우월감, 공감과 소통 부재, 집착 등 여러 형태로 나타난다고 본다.

이미 1950년 데이비드 리스만은『고독한 군중(The lonely crowd)』이라는 책에서 '타인지향형 인간의 자율성' 문제에서 이 문제를 심도 있게 다뤘다. 즉, '사회적 규범에 동조할 능력이 있지만 그에 동조하고 말고는 또 별개의 문제이다.'라고 하면서 현대인들을 '고독한 군중'으로 표현했다. 그래서 그럴 것 같기도 하다.

나이 60을 이순(耳順)이라 했다. 이치에 통달해서 듣는 대로 이해할 수 있는 나이라는 뜻이다. 자신들의 가까운 가족 등 주변을 아무리 둘러봐도, 전혀 생각했던 대로의 세상이 이미 아닌데도 바깥세상을 바꿔 보겠다는 분들이 60 넘은 세대들에게 유독 많은 것 같다.

한국의 정권이 바뀐 것을 두고도 세상이 무너진 듯이 생각하는 것은 어쩌면 세상 물정과 동떨어진 생각일 가능성이 많다. 그런 생각을 갖도록 집요하게 일조했던 공영방송 MBC와 KBS가 공정 보도를 위해 MBC 김장겸 사장과 KBS 고대영 사장을 퇴진하라고 투표를 했다. 93.2%(2017/8/29), 83.14% 각각 찬성률로 파업을 결정했다. 언론 방송사 사장 노릇을 제대로 하지 못했다고 한 것이다.

이를 두고 자유한국당에서는 사원들 편에 서서 국민적 지지를 얻도록 해야 할 텐데도,

어찌 된 영문인지 '언론 탄압, 정치 보복'이라고 정기 국회 참석까지 거부하고 있다.

2008년 KBS 정연주 사장은 사원들이 그렇게 공영방송 제대로 한 사

람이라고 반대하는데도 새누리당은 강제로 끌어내려 버렸다.

그렇다면 '그 일은 뭐라고 말씀하시겠습니까?' 아무리 생각해 봐도 일 부겠지만 60대 이후와 자유한국당은 오직 '고독한 군중'의 길만을 숙명처럼 걸어가고 있다는 생각이 든다.

2017. 9. 8.

용서와 관용의 한계
(정진석)

'코끼리는 생각하지 마.' 미국 정가에서는 아주 유명한 말이다. 미국의 보수 공화당의 상징은 코끼리이다. '엄격한 아버지' 이미지를 대표되는 상징으로 돈과 언론을 통해서 수도 없이 대중을 각인시켜 왔다. 그에 반해 민주당은 '자상한 부모' 카드를 내민다. '진실이나 양심'의 무게로 보면 비교 자체가 안 되는 일이지만 부시를 두 번씩이나 재선시키고, 트럼프를 당선시키는 '개판'을 만드는데 가난하고 못 배운 사람들이 부자들을 위한 자기 배반의 대열에 기꺼이 동참하는 천만부당한 일들이 여전히 지속되고 있다.

지난 대선에서 안철수 국민의당 후보가 대통령 후보 TV 토론에서 '제가 MB 아바타입니까?', 'MB 아바타인지 아닌지 이 자리에서 밝혀 주십시오.'라고 말했다. 19대 대선의 가장 뼈아프고 큰 '코끼리는 생각하지 마'식 표현이었음을 백서에서 밝혔다.

5·18은 그래서 더욱 억울하다. 최근에 국정원 적폐청산위원회에서 발견된 문건 중에 아니나 다를까 '5·18=북한군' 작성 문건이 나왔다. 전 국민의 각인된 두뇌를 아무리 바꾸어 놓으려고 해도 어려운 일이 그것이다. 그래서 '두 번 죽이는 일이라고 하는 것이다.'

'아니 땐 굴뚝 연기 나겠냐는 식', '만의 하나라도 그랬을 수 있다는 식'의 밑도 끝도 없는 '프레임' 속으로 자기 자신들도 모르게 자신의 이해상관도 개의치 않고 이끌려 가게 만들어 버리는 악의적이고 교묘하며 혼돈케 하는 고도의 심리 전술이다.

세월호는 불행 중 다행으로 그 프레임을 끝없이 시도하다가 중단되고, 역풍을 맞고 있다.

'아싸 호랑나비'를 부른 가수 김흥국이 노래를 잘한다는 생각을 해 본적이 없다. 가왕(歌王) 나훈아가 그 노래를 부른다 한들 그 노래의 맛이 제대로 나지 않는 것은 '호랑나비=김흥국'이라는 그 '최초의 각인'이 그만큼 깊고 오래 가기 때문이다.

자유한국당 정진석 의원은 전형적인 친일 매국 집안의 자손이다. 그의 아버지는 박정희 정권에서 내무부 장관을 했던 정석모다. 그가 내무부 장관이 되기까지 선친 골수 친일 부역자 정진각 충남 계룡면장의 후광이 절대적이었음은 말할 나위가 없다. 그 수탈한 흔적이 각종 자료에 선연하다. 그의 손자 정진석은 아버지 정석모의 후광으로 지역구를 대물림받아서 3대째 충남 공주, 논산 지역의 국회의원을 하고 있다. 3대가 거의 100년간 지역의 토호 족장을 했던 우스운 지역이다.

이 자가 또 '코끼리'를 들고 나타났다. 살아 보겠다고 그런 건지 '모든 걸' 포기하겠다고 그런 건지는 몰라도 살짝 건들기만 해도 아주 꼴통들이 저절로 똘똘(?) 뭉쳐 주는 코끼리, '노무현'을 들고나왔다.

아비, 할배의 타고난 간신도, 타이밍도 모른 채 질러 버렸다. 이제는
아주 코끼리 발에 사정없이 짓밟혀도 살려 줄 가망도 없어 보인다. '노무
현 대통령이 부부 싸움 끝에 자살했다고?'

정진각의 무덤을 파고, 3대에 걸친 약 100년 동안이나 수탈의 대상이
되었던 계룡면 코끼리 볼모 주민들에게도 어떻게 통하는지 구경 좀 하
고 싶다.

나도 '친일' 코끼리를 먼저 언급한 것은 그 때문이다.

2017. 9. 22.

홀로 심히 부끄럽다
(김관진)

글이라는 걸 쓸 때마다 참 조심스럽다. 누가 얼마나 심도 있게 나의 글을 기억할까마는 시대와 상황에 따라 예기치 못했던 결과나 얼토당토 않는 글이 되어 버리지나 않을까 해서다. 그래서 곡학아세(曲學阿世)까지는 못 미칠지라도 글이라는 것을 쓸 때에는 세상 그 누구를 상대로 하던 간에 '가치(價値)와 철학(哲學)'을 그 바탕에 두지 않으면 안 되는 이유도 여기에 있다. '논리의 일관성'은 글 쓰는 사람에게는 철칙 같은 것이라고 생각한다. 특히 인물에 대한 평가는 필자의 의도나 관점과는 달리 글에 등장하는 상대가 조석변개일 경우가 하도 허다하기 때문에 더욱 어렵고 조심스럽다.

김관진 전 국방부 장관은 이명박 정권에서 호남 출신으로는 보기 드물게 국방부 장관을 역임한 사람이다. 박근혜 정권으로 교체가 되었는데도 유임이 된 독특한 케이스였다. 물론 국방부 장관 후보자로 김병관이라는 자가 청문회 이전에 낙마하는 바람에 그대로 유임되기는 했지만 단순히 관운(官運)이 좋다 할 정도가 아니게 보여서 박근혜 정부의 수많은 인사 참사 중에서 유일하게 필자로서는 다소 '긍정적' 평가를 글로 적었던 기억이 있다. 여성 대통령을 보좌하는 국방의 책임자로서 그때까지만 해도 전형적인 무사풍(武士風)으로 군의 정치 개입 없이 정치적 중립을 지키고 쿠데타를 할 위인으로 보이지 않았다는 것이 주된 이유였다. 그런데 홀로 심히 부끄럽다.

엊그제 민주당 이철희 의원은 2014년 10월, 생산된 지 무려 45년이 지난 시누크(CH-47) D형 헬기 14대를 구입하면서 약 1,500억 원의 국방비를 썼다고 밝혔다. 낡기도 했지만 부품 공급이 안 되어서 사용할 수가 없는 무기를 구입한 것이다. 또한 그 이전인 2012년 10월에는 북한 잠수함을 찾겠다고 8천억 원의 예산을 들여 미군이 40년간 쓰고 창고에 보관 중이던 해상초계기를 구입하려 했으나 최종 구입에 실패했던 사실까지 밝혔다. 안보는커녕, '고물 수집가'라는 말에 변명조차 할 수 없게 된 것이다. 급기야는 2016년 11월 박근혜 정권 탄핵 와중에 한반도 운명과 차기 문재인 정부의 외교, 국방, 안보, 경제까지를 꽁꽁 묶어 버릴 초대형 사고인 '사드'를 극비리에 경북 성주에 배치해 버렸다.

요즈음에 미국에 사는 동포들도 트럼프 대통령으로 인한 스트레스가 한두 가지가 아니다. 대통령의 말과 행동이 생활 전반에 직접 닿기 때문에 매일매일이 힘들다. 유일한 희망이 앞으로 '트럼프 임기가 3년 남았다.'라고 한 기사를 본 적이 있을 정도이다.

10년 전 한국에서도 기업가 출신인 이명박 대통령은 수많은 전과 기록과 함께 대통령되기도 전에 벌써 'BBK 사건'과 관련한 의혹과 전모들이 줄줄이 드러나고 있었다. 이른바 '4자방', 4대강, 자원 외교, 방산 비리로 탕진해 버린 국고가 수백 조에 이른다. 국정원 적폐 청산위에서는 이명박 정부의 국정원에 대한 조사 과정에서 '어떻게 국민들에게서 거둔 세금으로 운영되는 국가기관들이 설마 그렇게까지 할 수 있었을까!' 일부 드러난 사실로만으로도 그 시절 막연히 상상했던 것보다 훨씬 치졸하고 잔인했다.

거기에도 김관진의 '국방부 댓글 부대'가 있었다. 국정원과 국방부가 국민의 생명과 재산권 보호를 위해 총구를 바깥으로 향하고 있어야 하는데도, 정반대로 국민들을 모아 놓고 겁박, 감시하는 일들을 벌이면서 국방 예산과 세금을 탕진하고 있었던 것이다.

이명박 부패 정권은 '자신들의 부패'를 눈감아 주고 막아 줄 방패가 필요했을지도 모른다. 그래서 적당한 '무능 정권'이 절실했을 테고 그래서 박근혜 정권은 이명박 정권의 필연적 산물인 것이다. '부패(이명박)'와 무능(박근혜)'으로 대변되는 보수 정권의 데자뷔(Deja vu)를 그대로 보여 주고 있는 것이다. 그렇게 국정원의 도움으로 출범한 박근혜 정권의 '무능'은 시민들의 '촛불'로 무너지기에 이른다.

반근착절(盤根錯節)이라는 말이 있다. '뒤얽힌 뿌리와 헝클어진 마디'라는 뜻이다. 후한서(後漢書) 우후전(虞詡傳)에 나오는 대목이다. '꼬인 나무'를 만나야 '나의 칼'이 잘 드는지 알 수 있고, '훼방과 모욕'을 받아 봐야 '나의 도량'을 측량할 수 있다. 그 해법이 보이지 않는 외교 안보, 경제 문제를 위해 문재인 정부는 연일 그 해결의 실마리를 찾고자 동분서주할 수밖에 없다.

왜, 지난 정권, '특히나 '사드 배치' 하나만이라도 하지 말았었다면…'

하는 아쉬움과 자탄이 없겠는가, 나라를 이 지경으로 만들어 놓은 야당 세력들에 대해서도 자중하기는커녕 '부패와 무능'에 대해서 저렇게도 완강하고, 사사건건 반대뿐인가.

　이 모두 문재인 정부가 떠안아야 할 숙제임을 70%의 국민들은 잘 알고 있다.

　문재인 정부가 자기하고는 하등의 상관도 없이 어질러 놓은 난마 앞에서 속죄양이 되어야 하듯이 필자 또한 김관진에 대해서 부끄러워해야 할 비현실적 순결 의식은 그 필요조차 없을지도 모른다.

　어쩌면 부패 무능 정권에 무심했거나, 크고 작게 협조했던 훨씬 더 많은 사람들에게서 부끄러운 '자기 고백' 같은 일말의 양심이라도 기대해 보고 싶지만 어쩌면 그것이 오히려 북핵 해결보다도 더 어려울 듯하다.

2017. 9. 22.

적분(赤墳)과 단심가(丹心歌)
(2017년 가을 한국 방문)

있는 그대로 믿고 살면 편할지는 모른다.

2,077권의 책으로 만들어진 조선왕조실록은 유네스코 세계기록유산에 등재되어 있다. 요즈음 같은 예측 불허의 격동기에는 개인들도 물론이지만 나라에서는 모든 경험과 지혜를 동원하고 그래도 부족할 때는 역사를 들추어 보게 된다. 오랜만에 한국을 다녀왔다. 일정 중에 대통령이 국사를 보는 청와대도 방문했다. 또한 없는 시간이었지만 극장에 가서 〈남한산성〉이라는 영화도 한 편 보게 되었다. '삼전도의 굴욕'에 대한 내용이어서 줄거리는 알려진 대로이다.

근자에 회자되고 있는 '힘이 없는 정의는 무능하다', 또는 '힘이 없는 평화는 무용지물'과 관련하여 '타협과 굴욕'에 대한 역사적 평가를 조율하려는 듯한 인상을 받았다. 현실과 이상 사이에서 번민할 여유조차 녹록지 않은 변화무쌍한 한국의 외교 상황, 그런 시국과 맞물려 돌아가는 개개인들의 생활들이 영화 〈남한산성〉과 겹쳐서 마치 칼날 위를 걷다가 돌아온 느낌마저 든다.

실록은 익히 알려진 대로라면 왕의 사후에 기록되고 보전하였다. 왕은 이미 죽은 후였으나 선대에 대한 후대 왕의 부당한 압력까지를 피하기 위해서 '국조보감'이라는 선대의 선행만을 발췌해서 보여 주는 것으로 실록 본연의 가치를 지켜 왔다고 전해진다. 그래서 그런지 적어도 '조선왕조실록'은 그 자체로만 본다면 승자(勝子)의 역사라기보다는 사실(史實)에 충실했다는 것에 민족적 자부심을 가질 만도 하다. 그런 의미에서 필자의 기억에는 '풀이 나지 않는 무덤'과 '선죽교의 피'에 대한 이야기는 다시 되새겨도 그 가치가 여전하다고 생각한다.

려말선초(麗末鮮初)는 왕권의 교체기이자 그야말로 격랑기이다. 이 시기는 중국도 원명(元明) 교체기였으므로 누가 우군인지 피아 구분마저 모호했다. 요즈음처럼 말이다. 따라서 국내 상황도 반전의 반전을 거듭한다. 2017년 회오리치는 대한민국 땅에 명분도 실리도 없고, 국익도 자존심도 없는 일부 야당 정치인들을 보고 있자니 더욱 그렇다.

'황금 보기를 돌같이 하라.' 어렸을 적에 노래까지 만들어 불렀던 최영 장군은 위화도회군에서 돌아온 이성계에게 전혀 엉뚱하게 '부정 축재' 죄목으로 죽임을 당한다. '내게 죄가 있다면 무덤에 풀이 날 것이요, 없다면 풀 한 포기도 나지 않을 것이다.' 능참봉이라는 관리까지 임명하였지만 풀이 살아나지 않아서 '적분(赤墳)'이라고 불렸다. 최영은 우왕의 실세이자, 이성계의 상관이었다. 모든 군사를 이성계에게 주면서까지 국가의 자존심을 지키기 위해서 '요동 정벌'을 꾀했는데 뒤통수를 맞은 것이다.

조선의 설계자 정도전과 정몽주, 이성계는 이때까지도 한패였다. 정몽주는 불교 국가인 고려에서 유교인 성리학의 대가였으므로 명분을 중요시했던 성리학의 가르침대로 명분에 죽음으로써 그에 걸맞는 생을 마친다. 그도 개혁에 동참했고 의리도 지켰다. 그러나 정도전의 역성혁명(易姓革命)에는 따를 수가 없었다. 마침 이성계가 사냥하다 말에서 떨어져 다친 걸 보고 병문안을 갔다가 이성계의 삼남 이방원의 회유 '하여가(何如歌) 대한 그 유명한 답가 단심가(丹心歌)'는 조선 개국의 피 값으로 선죽교에 남겨진다.

최영과 정몽주의 충심은 그야말로 의심이 없는 충성으로 읽혀진다. 그것은 바로 왕에 대한 것이자 '국가'에 대한 것이었다. 왕권 국가에서의 왕은 곧 국가이기 때문이요 국가는 백성까지를 아우르는 포괄적 의미였다. 그것은 흔하게 회자되는 '아부(阿附)'와는 근본적으로 다른 것이다.

과연 21세기 신자유주의의 기세가 온 지구상을 뒤덮고 있는 상황에서 케케묵은 '명분(名分)과 실리(實利)'를 따질 겨를조차 부질없는 세상이 아닌가. 비록 거창하게 외교 용어까지 갈 필요도 없이 일상생활에서 선택의 기로에 맞닥칠 때마다 떠오르는 화두(話頭)라고도 볼 수도 없는 게 아닌가 한다. 당시에는 실리라고 생각했던 것이 결과적으로는 그렇지 못한 경우가 있듯이 명분 같지도 않는 명분만 붙들다가 이도 저도 다 놓쳐 버린 일들 또한 다반사이다. 그렇게 시대는 흘러가고, 반전되고, 진보한다. 미국에 되돌아오니 동부의 단풍은 완연하다. 가을 국화주 한잔에 떠올리기조차 부끄러운 현실에서 '적분(赤墳)과 단심가(丹心歌)'로 그 적조합을 덜어 볼까 한다.

2017. 10. 21.

'그런데, 다스(DAS)는 누구 겁니까?'

(이명박과 박근혜)

'홍청망청'이라는 말이 있다. 왕조에서 쫓겨 난 임금은 왕자로 강등되어 훗날 '군(君)'이라 불리고, 그에 대한 것은 '실록(實錄)'이라고도 하지도 않고 일기(日記)라고 불렸다.

익히 알려진 연산군일기(1505/6/16)에 보게 되면 '이계동을 전라도에, 임숭재를 경상도, 충청도에 보내어 채홍준사(採紅駿使)라 칭하여 좋은 말과 아름다운 계집을 간택해 오게 하였다.'라는 말이 있다. 여기서 임숭제는 간신(奸臣)의 대명사격인 임사홍의 아들이다. 천 명의 기생을 두었는데 이들을 '홍청'이라고 하였다. '홍청망청'이라는 말이 여기에서 유래되었던 것이다. 사실 연산군의 아버지인 성종은 실록에 세종에 버금가는 성군(聖君)으로 기록되고 있다. 산이 높으니 그만큼 골이 깊었을까. 나라가 태평성대를 이루고 있었던 선왕에 비해서 조선 최고의 폭군이 그 뒤를 이은 것이다. 부패와 홍청망청은 국가 간에도 별 차이가 없는 듯하다.

미국인들도 정치인의 부패에 대해서 가장 심각하게 생각하고 있는 것으로 조사된 바가 있다. 미국인들에게 살아가면서 '가장 두려운 게 뭘까?' 하고 물었다. USA TODAY(2016/10/12) 테러, 은퇴, 건강, 총기 사고? 그런데 무려 60.0%가 '공직자 부패'라고 답했다.

문재인 정부가 들어서기 전에 탄핵된 박근혜 정권의 문제를 한마디로 말한다면 '부패'이다. 그것은 바로 '돈'의 문제였다. 사실 돈과 관련된 문제를 빼 버리고 나면 '무능'만으로는 탄핵까지 가지 않았을 수도 있었다.

그 '무능한 부패' 정권의 총본산은 '국정원'이라는 것이 속속 드러나고 있다. 검찰도, 법원도, 언론도 모두 국정원에서 컨트롤을 하고 있었다는 확증들이 줄줄이 쏟아지고 있다. 이들 사이에 빠짐없이 '돈'들이 오갔다. 그렇다면 또 이들이 돈을 가지고 있는 기업들에 대해서는 어떻게 했을까? 그야말로 이것은 나라가 아니고 일반에 보여 지지 않아서 그렇지 '복마전'이었던 것이다. 국민 세금으로 '흥청망청', 먼저 보는 사람이 임자요, 거기에는 위아래도 없는 듯하다. 심지어 그 국정원의 묻지도, 따지는 사람도 없는 조 단위(兆)가 넘는다는 '특수활동비' 중 일부가 이재만, 안봉근을 통해서 청와대에까지 상납 되기에 이른다. 어떻게 그런 정권이 탄생하게 되었는가에 관심이 집중되는 것은 역사와 교훈을 위해서도 필요하고 당연하다.

이명박 전 대통령은 서울 시장이 되기 전인 2000년 10월 17일 광운대 최고경영자과정 강연에서 그 유명한 동영상 '이번에 BBK라는 투자회사를 설립해서…'라고 강연했다. 서울 시장을 마친 뒤인 2007년 당시 한나라당 자체 대선 후보 경선 과정에서 불거진 조그마하게 보였던 이 사건이 10년이 지난 이제 그 종착점이 다가오고 있다는 느낌이다. 그는 그해 대선에 후보로 나와서 '경제'라는 국민적 숙원을 가장 잘 이용해서 대통령이 된다. 누구의 경제인지는 몰라도 경제를 살리겠다고 했다.

그 이전인 2002년 서울 시장이 되어 청계천 복구를 하면서 한편으로는 2004년 양재동 현대 사옥 인허가를 해 준 뒤에 자동차 부품 회사인 다스(DAS)의 매출이 폭증한다. 또한 알다시피 2007년 대통령이 되고 나서 송파의 제2롯데월드 110층 초고층 건물을 서울 공항 안전 안보 문제로 건설을 반대하던 당시 국방부 장관을 교체하면서까지 허가해 줬다. 그런가 하면 천문학적인 국민 세금들이 4대강 사업, 자원 외교, 방위산업 무기 구입 자금으로 투입된다. 그에 대한 내용은 지면이 너무나 부족해서 그치겠다.

윗선이 이렇다 보니 그 아래는 조건반사적으로 주인의 그림자를 너무도 빠르게 따른다. 그래서 그런 건지 '탈세나 공무원의 국고 낭비'에 대해서 보라는 듯이 대국민 경고 연설까지도 한다.

이명박 정부가 '꼼수 부패'라면, 이 부패를 보호받기 위해서 국정원을 중심으로 군, 검찰, 공영 언론 등 국기기관들이 총동원 되었다. 이들에 의해서 지금은 탄핵이 된 '무능한 부패' 정권을 세우는 데 총력을 다했던 것들이 이제 밝은 세상에 드러나고 있는 것이다. '우연은 필연의 옷을 입고 나타난다.'라고 거창할 필요도 없어 보인다.

글을 쓰고 있는 사이에 또 다른 홍청망청이 김관영 의원실에서 2017년 11월 1일 발표되고 있다. 안보의 든든한(?) 후원군이던 '재향군인회'의 누적 적자가 6,500억이라고 한다. 도대체 '홍청망청' 어디까지가 그

끝일까!

'그런데, 다스(DAS)는 누구 겁니까?'

2017. 11. 3.

저렇게나 허약한 국정원장들

　도무지 이해가 안 간다. 아니 이해할 수가 없는 일들 때문에 엉뚱하게 혼란스럽다.

　1979년 입대해서 특전사 배치가 결정되고 나자 걱정이 앞섰다. 논산 훈련소를 떠나 용산역에 도착하여 특전사 요원들에게 인계되는 순간부터 말로만 듣던 '공수부대' 때문에 모두들 입술이 파래지고 겁에 질려 두 눈만 껌뻑거릴 수밖에 없었다. 이윽고 모처에 도착하니 때마침 고공 침투 훈련이 한창이었다. 헬리콥터가 이륙하여 손톱만큼 작아지게 하늘 높이 올라가더니 티끌 같은 점들이 헬기 밖으로 떨어지는 것이었다. 사람이었다. 1,500미터 상공에서 초속 30~50미터로 자유낙하를 하는 것이었다. 내가 그 일을 해야 한다고 생각하니 후들거리고 며칠간 악몽으로 잠을 잘 수가 없었다. 다행히 그런 훈련은 선택된 소수 요원에게만 시키는 것임을 걸 알고 나서야 한숨을 돌렸지만 기본 낙하산을 타야 하는 기본 훈련은 여전한 부담이었다.

　'특수부대', 사람을 특수 목적으로 쓰기 위해서 국가에서는 더 많은 비용을 들이고, 그 비용만큼 국가와 국민을 위해 특수한 사명으로 무장하고, 일반인들이 모르는 특수한 정보를 다루는 '특수 인간 병기' 제조 공장이었다. 국가 비밀 취급 인가를 받고, 소위 '밀봉교육(?)'같은 것도 서약해야만 특수부대에서 제대를 한다. 제대한 지가 40년이 다가오는데도 군에 대한 이야기를 아무렇게나 함부로 해 보지를 못했다.

민주화 기념 사업회가 '6월 항쟁 30돌'을 맞아 한국인의 '사회의식 형성'에 영향을 끼친 역사적 사건을 물었다. '1위 8·15 광복, 2위 박근혜 탄핵 촛불, 3위 5·18 광주 민주화 운동'이라고 조사된 바를 발표했다.(2017/11/14) 이 사건들의 공통점은 '저항의 역사'이다. 어느 민족이건 침략을 받게 되면 두 가지 운명에 놓이게 된다. '저항할 것이냐, 굴복할 것이냐?' 일제에 대항해서 전 민족적으로 저항했다. 물론 '굴종했던 소수도 있었다. 5·18도 한마디로 '광주 시민의 저항'이 그 시작이고 끝이다. '2016 촛불'도 재조산하(再造山河)의 열망과 저항이었다. 때로는 목숨을 버려야 하는 아픔에 직면한다. 압제가 심해지기 시작하면 생각이 달라지고, 오히려 스스로 부역하는 경우도 얼마든지 생긴다. 한국민들은 그런 '굴종의 역사'에는 혹독하다. 그래서 미래가 있고, 희망이 있는 민족이라는 생각으로 이번 조사 결과를 대하고자 한다.

박근혜 정부 국정원장 3명 전원이 사법 처리가 될 것이라고 한다. 이들 3명은 총 40여억 원의 특수활동비를 박근혜 전 대통령과 문고리 3인방을 통해서 상납한 혐의를 받고 있다. 이와는 별개로 정무수석과 비서관들에게도 '특수한 활동비'를 상납했다. 일이 이렇게 밝혀져 버린 마당에 아니라고 잡아뗄 수도 없는 노릇이긴 하지만 여기서부터 필자는 여러 가지로 생각이 복잡해지기 시작한다.

1987년 1월, 당시 서울대 3학년생 박종철은 치안본부 대공 수사본부에 연행되어 선배 '박종운'의 소재를 대면 풀어 주겠다는 지극히 '단순한 조건'을 끝내 거부하자 물고문으로 희생되었다. 그의 저항은 '6·10 항쟁'의 도화선이 된다. 젊은 그가 죽어가면서까지 지켜주려 했던 그 박종운은 2004년부터 박종철을 물고문으로 죽게 했던 그 한나라당에서 국회의원 하겠다고 3번이나 출마한다. 박종운만 그런 것도 아니다. 그때 박종운과 같이 수배받던 연세대 정태근, 성균관대 고진화, 서울대 오경훈도 여지없이 고문 기술자로 역사에 길이 남을 정형근 뉴라이트 상임의장과 함께 지금도 호가호위하고 있다. 녹록지 않은 평가를 기다려야 할 것이다.

국정원을 폐지하라고 하는 일부 주장은 이명박, 박근혜의 국정원 9년은 차라리 없는 편이 오히려 나았을 것이라는 다른 표현에 지나지 않는다. 없어서는 안 될 국가적인 기관임은 의심하지 않는다.

그런 기관의 수장, 국정원장, '나는 새도 떨어뜨린다.'라던 그 권세는 어디로 갔는가. 검찰에 불려 가서 조사받은 지 하루도 지나지 않아서 '박 전 대통령의 지시에 따른 것.', '청와대 측 요구를 거부할 수가 없었다.' 심지어 '특활비를 요구한 대통령이 치사했다.'라고까지 묻지도 않는 고백(?)까지 해 버린다. 그에 뒤질세라 민주화 이후 최장수 국방부 장관을 했다는 김관진 전 국가안보실장도 하루를 넘기지 못하고 전 주군인 이명박 대통령의 지시에 의해서 '사이버 사령부에서 댓글 작업을 시켰다.'

고 자복해 버렸다.

　미물(未物)인 강아지도 주인을 알아본다고 어리둥절해할 사람들 많을 것이다. 조금만 깊게 생각해 보면 너무나 당연한 행동들이다. 이들의 행동에 억울해할 두 전직 대통령 자신들이 그런 눈으로 사람을 골랐으니 누굴 탓할 수도 없는 것이지만 어쩌면 당사자들도 나라가 어려워지면 그랬을 것이 틀림없기 때문이다. 자리가 사람을 만들기도 한다지만 국정원장, 국방부 장관, 국가안보실장, 그 자리들이 어떤 자리들인가!

　나라를 빼앗겼다면 가장 먼저 통분하여 자결해도 부족할 국가안보의 '0'순위 자리가 아니던가, 필부(匹夫)의 이런 어리석은 푸념들이 팔순들을 지척에 두고 옥문 앞에서나마 들리려나?

　도무지 이해가 안 간다. 아니 이해할 수가 없다.

2017. 11. 15.

소신, 그 지리한 여정 (1)
(사람 사는 세상 워싱턴의 분열과 고통)

집을 지을 때에 '기초'가 없거나 부실하면 근사한 빨간 지붕도 오래가지 못한다. 모르는 바가 아님에도 사람들은 그 기초에 대해서 그런 사실을 강조하는 사람을 피하거나 싫어하고 거부한다. 그것은 '진실을 불편해하는 것'과도 같다. 또한 그런 기초 위에 '기둥' 또한 아주 중요하다. 누가 뭐라든지 '기초와 기둥'은 가급적 튼튼하게 해야 한다. 그런 연후에 벽과 지붕과 창문을 개성에 맞게 만드는 건 '개인 취향'이다. 사람에게도 '인격'이라는 것이 있다. 수많은 철학자들의 인문학적 고뇌의 정점에는 '인격'이라는 '철학적 정의(定義)'로 그 사유(思惟)가 모아졌을 것으로 생각된다. 일찍이 도산은 인격의 요체로서 '덕(德), 체(體), 지(知)'를 강조했다.

그런 개인의 삶과 가치관도 시대와 상황에 따라 가변적이고, 이런 개인의 성격이나 인격이 가정을 넘고, 사회와 연합하고 더 나아가 국제 시민사회와 일맥을 이루려고 하는 추세는 이미 일반적이다.

선과 악에 대한 판단 기준, 정의와 공정, 반사회적, 반국가적, 반인류, 생명과 환경, 독재와 인권, 차별과 소외에 대한 기준들이 문명국가에서는 이제 보편적이어서 이런 기준이나 가치를 거론한다는 것이 후진적이며, 반사회적이고 다른 세상 사람 취급받는다고 해야 할 것이다.

트럼프 미국 대통령은 국경에 장벽을 높이 쌓아 가고 있지만 인터넷 시장 '아마존'에서는 국경이라는 단어는 찾아보기 어려운 세상이 되어 버렸다. 당장 캘리포니아주에서 발생한 사상 초유의 산불은 피해 추산이 어려울 정도라고 한다. 그게 이번만으로 그치지 않을 자연 재앙이고 더 심해질 것이라는 비관적 내용으로 가득하다. 그런 미국은 지난 6월 파리기후협약에서 탈퇴해 버린다.

이를 세상 사람들은 어떻게 보고 있을까, 예루살렘은 유대교와 기독교, 이슬람교 모두 성지로 받드는 지역이다. 2017년 12월 6일 트럼프 대통령은 예루살렘을 이스라엘의 수도로 인정한다고 발표해 버린다. 팔레스타인 저항 단체 하마스는 즉각 '트럼프가 지옥문을 열었다.'라고 반박한다.

그런가 하면, 아프리카의 짐바브웨에서 37년 장기 집권한 93세의 무가베 대통령이 대통령직에서 내려오지 않겠다고 버티는 사실에 대해서 세상 사람들은 모두 '그런 곳도 있구나!' 뭐가 뭔지 별로 관심조차 없는 듯하다. 물론 트럼프와 무가베를 아주 열렬히 지지하는가 하면 최일선에서 목숨 걸고 싸워 주는 사람들도 있기는 하다.

우리들은 한정된 정보와 개인적인 판단 기준, 즉 가치관의 차이로 어떤 사람과 그의 행동을 평가할 때 상당한 오류를 범할 수가 있다. 거기에는 세상 누구든지 예외가 없다. 오류와 편견에서 벗어나는 방법이 있다면 '침묵'해 버리면 되는 것이다. 누가 무슨 일을 하든지 말이다.

그런데 독일 개혁 교회 선구자 마틴 뇌뮐러(Martin Niemöller) 목사의 시(詩) 〈나치가 공산주의자를 덮쳤을 때〉를 음미해 보고 나서도 여전하다면 그렇게 하면 된다.

나치가 공산주의자들을 덮쳤을 때,
나는 침묵했다.
나는 공산주의자가 아니었다.

그 다음에 그들이 사회민주당원들을 가두었을 때, 나는 침묵했다;나는 사회민주당원이 아니었다.

그 다음에 그들이 노동조합원들을 덮쳤을 때, 나는 아무 말도 하지 않았다;나는 노동조합원이 아니었다.

그 다음에 그들이 유대인들에게 왔을 때, 나는 아무 말도 하지 않았다;나는 유대인이 아니었다.

그들이 나에게 닥쳤을 때는, 나를 위해 말해 줄 이들이 아무도 남아 있지 않았다.

소신, 그 지리한 여정 (2)

'가수가 좋냐, 노래가 좋냐?' 이런 경우처럼 구태여 두 가지 중에서 하나를 택하라는 물음은 어리석은 질문이 될 수도 있다. '문재인 대통령이 좋냐, 그가 하는 정치가 좋냐?'도 거의 흡사하다고 보면 된다. '둘 다 좋다.' 그게 정답에 가깝다.

한국에서의 인맥이라고는 한 사람도 없던 이곳 미국의 수도 워싱턴 D.C에 50줄이 거의 다 되어 이민이라고 덜렁 와서 먹고살기 정신이 없을 때이던 2009년 5월 어느 날, 모두들 알다시피 한국에서 전해져 온 소식은 마치 '침묵'은 범죄처럼 '잠자던 양심'을 깨웠다. 그러기 훨씬 이전인 1980년 5월에도 해외에서는 분노와 울분으로 조국의 현실을 바라볼 수밖에 없었던 분들이 있었다는 사실을 뒤늦게 알게 되었다. 왜 이민을 결심하게 되었는가 하는 것은 이민 15년이 넘었는데도 나에게는 여전히 꼭 집어서 말하기 어려운 부분이다.

원래 우둔하기만 하고 눈치가 없는 인생이다 보니 지나 놓고 나서 거꾸로 맞추어 보면 '그때 그런 결정'이 왜 그랬어야 했는지 어렴풋이 맞춰지는 경우가 허다하다.

그만큼 깊게 생각해 보지 않고 행동부터 한다는 것이다. 그래서 세상을 어설프게 가정하고, 지레짐작하는 통찰이나 혜안이 솔직히 별로 없다. 양심에 맡기거나 뭐가 대단한 존재라고 '실속보다는 대의'를 따라 버린다. 그러니 같이 따라 사는 와이프 입장에서 보면 남편의 나이 60이 넘었는데도 '철'없어 보일 게 당연하다.

나에게 있어서 이민은 '기득권에 대한 분노, 무력함에 대한 회피'가 주요인 같다는 생각이 이제야 조금 뚜렷해지려고 한다. 2017년 10월 추석 즈음에 한국에 다녀왔다. 예전에도 느꼈지만 사회의 양극화가 더욱 심해진 듯한 느낌을 더 많이 보고 돌아왔다. 부질없는 가정이지만 '만약 떠나지 않았다면 어땠을까', '뭐 하러 여기에서 살지 떠났느냐', 마음속에 있을 수 있는 가정들이 실제로 밖으로 표출되어 버린 여행이었다. 돌아오는 비행기 안에서의 정리는 '떠나오길 잘했다.'이다.

2009년 노무현 전 대통령의 서거로 다시 되돌아가 보자. 안 그래도 노무현 집권 말기에 동력이 떨어질 대로 떨어져서 국민적 지지가 바닥을 헤매던 민주진보진영은 거의 절멸 상태나 다름이 없었다. 새로 집권한 이명박 정권은 김대중, 노무현 두 전직 대통령 중 상대적으로 젊고, 지역적 정치 기반도 없는 직전 노무현 대통령에 대해서 치졸하기 짝이 없는 방법까지 동원해서 죽음에 이르게 만들어 버린다.

국민적 분노를 더욱 졸렬한 방법으로 찍어 누른다. 비교적 해외에 있어서 '밥줄 걱정'이 상대적으로 덜한 사람들이 밥하고는 상관이 없을 것 같은 일을 위해서 '사람 사는 세상'을 향해 모였고, 먹구름 속에서도 희망을 노래하고, '할 수 있는 것'을 죄다 동원해서 백악관으로, 주미한국대사관으로 달려 나가고, 소리치고, 신문지를 통해서도 저항(?)해 봤다. 그렇게 속절없는 5년의 세월이 흘렀다. 일부이긴 하지만 이사를 떠났다. 그리고 이유는 보다 다양했겠지만 한 사람, 두 사람씩 떠나갔다.

같이한 시간이 누적되다 보니 서로에 대해서도 사소하게 지나칠 일들도 시간이 흐르면서 미세한 개성들로 부딪치기도 했다. 좌절감들이 드리워지는 가운데에서도 지극히 보수적인 이민 사회, 그것도 워싱턴 동포 사회에서 이런 진보 단체가 지속되고 있는 것만으로도 자족하기에 충분했던 것은 2012년 대선에 의심의 여지가 없는 '이명박 응징'의 시그널이 보였기 때문이다.

지금도 거의 변함이 없지만 자기의 개성을 어느 정치인 개인에 한정시키는 것이 얼마나 편협해져 버릴 수 있는가를 김영삼 전 대통령을 보면서 느꼈다. 1979년 당시의 김영삼은 김대중의 활동이 극도로 제한받고 있는 탓도 있었지만 민주진영의 독보적인 존재였다. 같은 해 10월 4일 집권 박정희의 공화당은 야당인 신민당 당수를 국회의원 제명을 시켜 버렸던 것이다. 당시 민주진영에서는 너나없이 김영삼에 대해서 열광적인 지지와 성원을 보냈다. 그런 김영삼은 10년 뒤인 1990년 1월 22일 그를 제명했던 김종필, 노태우와 '3당 합당'을 해 버린다. 민주진영이 가졌던 배신감이나 좌절감은 김대중, 노무현 시대를 지나면서 조금 희석이 되었을 것 같은데 오늘날까지도 이어지고 있다고 생각한다.

침묵하지 못하는 시민들 각 개인은 자신을 대변해 줄 듯한 투영기재(投影機制)로 특정한 '정치인'을 정하고 그중에서 가장 자신의 생각과 공통분모가 많은 정치인을 임의로 정해서 그를 지지하고, 성원하고 성원하는 집단에 속하면서 공감하고 안정을 취하고자 한다. 그를 지키는 것이 곧 자기 자신의 정체성을 지키는 것이니 그가 탄압받고 억울하게 되는 상황에서는 기꺼이 보호하려 하고, 조금이라도 침해를 받는다고 생각하면 행동으로 옮긴다.

여기에서 결론에 조금 다가가 보기로 하자.

지지하는 이유나 동기가 '무엇을 우선시하는가.'이다. 지역이 우선 꼽히는 것은 박정희 이후 거역할 수 없는 현실이다. 박정희에 의해서 그것이 폭발적으로 심화되었다고 굳게 믿고 있다.

그 지역도 가급적 또 좁히려고 한다. 학연도 있다. 혈연이나 종교도 있다.

2010년 5월 제1주기 추모 문화제 광고문

2017년 한국 방문 시 김해 묘역 방문

소신, 그 지리한 여정 (3)

김영삼이 주었던 실망감은 자연스럽게 김대중 지지자로 자리하게 되었지만 그렇다고 김대중 대통령은 일면식은커녕 주변 사람들조차도 전혀 모른다. 아니 알려고 하지도 않았다. 워싱턴으로 이민 온 뒤로 어찌해서 한국 정치인들을 자주 접하게 되었는데 이전까지는 생활인에 불과했으므로 열혈(?) 축에는 낄 생각조차 없었다. 그러니까 2009년 '사사세 워싱턴'이 만들어지기 이전까지 일부러 꼽으라 한다면 내가 김대중 전 대통령 노선인 것은 그래서 자연스러운 일이었다. 그 때문에 지금에 와서 보니 같이하고 있는 멤버들 사이에서도 필자가 거의 '김대중 맨'으로 인식됐을 것이라는 생각이 든다.

'사람 사는 세상 워싱턴'은 전 국민을 경악하게 만들어 버린 이명박 정권의 치졸한 정치 보복에 의해 못다 이룬 꿈을 안고 유명을 달리해 버린 충격적인 사건으로 탄생하였다. 그러니까 이제 10년을 바라보는 단체가 되었다. 국민 개개인에게 '각성'이 무엇이고, 그 각성이 개개인의 각성으로 멈춰 버리지 않으려는 '집단지성'을 일시에 불러일으키는 계기가 되었다. 평소에 '참여'의 중요함을 누구보다도 절실하게 알았던 그는 '깨어있는 시민의 조직된 힘'을 강조했다. 국민이 아니고 시민이었다. 기득권에 물들지 않는 시민이고 그래야 '사심(私心) 없는 집단지성'을 이룰 수 있다는 순진(?)하기만 한 생각을 되뇌다가 그렇게 떠났다.

내 개인적으로는 '행동하는 양심'과 '깨어 있는 시민'이 합해지기 시작한 계기라고 생각된다. '개인'에서 '시민'으로 전향되고 있었던 것이다.

스스로 고립되기 안성맞춤인 이민 생활, 어쩌다 골프장에서 오가는 방담이야 그렇다 치고, 만나는 사람들과 나누는 이야기라고 해 봐야 '돈' 이야기 빼고 나면 집에 와서 특별하게 복기해 볼 것도 없이 무슨 말이 있었는지도 모르는 일상이었다.

그렇게 살던 중에 2009년 5월에 만난 사람들이었다. 특별하고 어쭙잖게 대화의 수준들이랄 것도 없는 것이겠지만 '모임의 화제가 한두 가지로 압축되는 느낌과 '한국 정치'에 대해서 1, 2, 3단계 정도는 가볍게 건너뛰어도 토론이 자연스럽게 이어지는' 지성(知性)(?)의 교감을 서로가 확인한 것이다.

예를 들면 '통일은 내 돈과는 전혀 별개라고 생각하는 사람'들, '뭐 하러 이민까지 와서 한국 정치' 어쩌고 하는 부류의 분들은 거의 멤버에서 빠져 있어서 막혔던 가슴이 확 트이는 느낌이 그 첫째였다. 어느 글에서도 몇 차례 언급했던 것 같은데 아직도 사사세 워싱턴을 시작했던 그때의 느낌을 그대로 간직하고 있다.

사형에서 감형된 김대중 전 대통령이 미국에 머물 때, 아니 그의 석방을 위해 고군분투했던 분들을 만날 수 있었다. 거기에도 물론 확연한 옥석(?)도 있어 보였지만 그런 세세함이 부질없을 때였다. 모임의 모든 기(氣)와 역량이 '타도 이명박'에게로 모아지고 일사불란했다.

당시 워싱턴에 머물던 참여정부 관련 인사들도 합류했다. 또한 '분단'의 모순이 이런 사태를 야기했다는 '선통일(先統一)론'자들도 합세했다. 그 간에는 이들의 존재들이 서로 흩어져 있어서 어디에 있는지, 또 구태여 모일 필요도 없었겠지만 일시에 모여들었고, 나처럼 낱알로 떠도는 이들, 유학 중인 학생들, 종교인, 연구 중인 교수 그룹, 파견 언론인들이 대동단결을 이루어,

'사람 사는 워싱턴'이라는 용광로에 모여든 것이었다. 인터넷 시대에 포털 다음의 '카페'(http://cafe.daum.net/BonghaWashington)가 만들어지고, 순식간에 국내외 회원이 500을 넘어 버렸다. 1일 방문자가 1천 명에, 올라온 글들이 넘쳐났다. 하루가 멀다 하고 만나고, 만나면 새벽까지 토론들이 이어지기 일쑤였다. 그들 중 '새벽'까지 남아 있던 회원들 10여 명을 '새벽반'이라고 불렀다. 미국의 수도 워싱턴을 중심으로 반경 50마일 내의 민주 진보 그룹이 순식간에 하나 된 진용을 갖추게 된 것이다. 지금은 상상이 안 되는 숫자이고 나중에 기회가 되면 '수와 허수', '숫자의 허상'에 대해서 언급하겠지만 오프라인 모임에 50명은 기본이요, 80, 100명이 모이는 것이었다. 모임에 필요한 음식 해결도 큰 문제가 아닐 수가 없었지만 '의지가 능력을 우선'할 수 있었던지 전혀 문제로 느끼지도 못했다.

본국에서 생긴 '사람 사는 세상'은 훨씬 뒤라고 생각된다. 2009년 당시

전 세계를 아우르는 가장 강력한 '이명박 저항 인터넷 단체'라는 자부심
이 그 뒤로도 3년, 그러니까 2012년 12월 선거 때까지는 이어졌다고 생
각한다. 비록 '이명박 시대'였지만 적어도 워싱턴 동포 사회에서 보수진
영에 전혀 굴하지도 않았고, 오히려 여론을 주도해 갈 수 있었다고 회고
하고 싶다.

나는 그냥 따라다녔다. 돈에 대해서는 예나 지금이나 묻지도 따지지
도 않고 냈다. 사람이 필요하다는 느낌만 있으면 갔다. 거의 빠지지 않았
다. 아니 단 한 번도 빠지지 않았을지도 모른다. 흥사단 활동 25년 동안
에 체화된 '리더보다 더 리더 같은 멤버십', '인격', '주인 의식' 등이 나 자
신을 그 자리에 있게 만들었다.

지금도 물론이지만 가만히 지켜보니 여기서도 '자리 다툼'이 있다는 걸
눈치 챈 것은 5년도 훨씬 지나서였다. 그렇게 둔하다. 아니 좀 미련하다.
분명 돈 나오고 밥 나오는 일들이 아니었지만 인생으로 보면 그것들
보다 훨씬 가치로운 일이었다. 떠나가는 주변을 탓하지도 않았다. 오로
지 철학과 소신으로 홀로 서 있어야 할 때도 많았다. 외로울 때도 분명
있었고, 그 남아 있던 소수들도 하나둘씩 곁을 떠나갔다. 앞뒤 자르고 그
냥 시끄러운 게 싫어서 떠났고, 누구 편에 서고 말고를 따지면서 소리 소
식 없이 떠나 버렸다. 원망할 힘조차 없을 때도 있었다. '남아 있는 자의
사명을 감당하라.'라는 복음이 나를 지탱해 주었다. 아주 소수였지만 지
금까지도 함께하는 몇몇 분들께 세상의 빛을 지고 있다.

그 엄혹한 시기에 이 모진 시련이 그 좁은 집단에서 그칠 줄 몰랐다. 진보는 분열로 망한다더니…!

당시 '사람 사는 세상 워싱턴'이 분란과 다툼으로 하루 해가 짧았다. 그 길고 참담한 이야기를 어찌 여기에 모두 담을 수가 있겠는가.

밖에서 바라보는 사사세 워싱턴과는 달리 2009년 창립 이래 딱 3년 정도가 좋았다. 2012년 대선 패배감 때문인지 엄청난 '감투싸움'에 휘말린다. 그리고 지난 한 10여 년이 또 흘렀다. 흐트러짐이 없이 가고 있는 모습이 대견하다.

여기에서 다루지 못한 이야기, 책 한 권으로도 부족하지만 가슴 속에 묻어 두고자 한다.

2017. 12. 13.

사람 사는 세상 워싱턴 사무실에 걸린 노무현 1주기
걸개그림 앞에서 한명숙 노무현 재단 이사장(전 총리)님과 함께

절하다가 목뼈가 부러져 죽어 버린 여인

(임소정 한인회장)

'양반가 부녀자들의 가채(加髢)를 금'하고 속칭 족두리(簇頭里)로 대신하도록 하였다. 가체의 제도는 고려 때 시작된 것으로 이는 곧 몽고의 제도이다. 사대부가의 사치가 날로 성하여 부인이 한 번 가체를 하는 데 몇백 금(金)을 썼다. 그리고 갈수록 서로 자랑하여 높고 큰 것을 숭상하기에 힘썼으므로 임금이 이를 금지시킨 것이다. (영조실록 87권 1756/1/16)

조선의 21대 영조는 아버지 숙종의 후궁도 아닌 무당(무수리)과의 사이에 태어난 왕이다. 요즈음으로 치자면 어머니가 '흙수저' 출신이어서 왕이 된다는 것은 거의 불가능했는데도 어찌어찌해서 왕이 되었고, 조선의 왕 중에서 최장수(83세), 최장 재위(52년)를 한다. 재임 기간이 길었던 것은 출신이 그러하였으므로 무시당하기 싫어서 엄청난 공부를 해서 그랬던지 너무나 잘 알려진 숱한 기록들이 이 시대를 장식한다.

'탕평채'라는 음식까지 만들어서 '탕평 인사'를 하고, 금주령을 내리고, 세금을 줄이고, 가혹 형벌을 금지하는 등 공평 인사, 질서, 서민 경제, 인권 등 현대적 의미의 정책 등을 편다.

물론 아들을 뒤주에 가두어 죽이는 일도 생긴다. 죽을 짓을 했다고도 볼 수 있지만 영조의 정책과 역사 중에서 두드러진 부분이 너무 많다 보니 '사도세자'에 관한 기록은 부정적으로 기울었을 수 있다고 생각한다.

다시 가발 이야기로 되돌아가 보자.

필자가 어렸을 때까지도 어머니는 긴 머리를 잘라서 파는 것을 볼 수 있었다. 가발은 다른 사람의 머리들을 사 모아서 동아리를 틀어 기존 머리에 얹는 올림머리로 기생들이나 양반가에서 그 크기가 클수록 가정의 위세로 생각하기에 이른다. 보통은 3~4kg에서 길이가 무려 1척(30cm)짜리까지 있었다고 한다. 그걸 쓰고 시집가서 층층시하 시댁 어르신들에게 절하다가 혼절하는 것이 다반사요, 급기야는 목뼈가 부러져서 죽는 일까지 벌어졌으니 무겁기만 했지 아무 쓸모라고는 없는 것에 여염집 아낙들의 경쟁은 그치질 않으니 급기야는 왕명을 통해 아예 이를 금지시켜 버리고 대신에 가벼운 족두리를 쓰도록 권장했다는 기록이다. 허례허식을 대대적으로 정비했던 모양이다.

근년에 워싱턴 지역에서 한인회장을 했던 고향의 여자 후배가 있었다.

동포 사회에서 한인회장은 그 역할과 필요 여부를 논하기에는 이미 역사이고 전통이 되어 버렸다. 일종의 '관습적인 제도'라고 보는 게 맞을 듯하다. 없다고 해서 문제가 있는 것도 아니고, 그렇다고 아주 없다면 뭔가 구심점이 없는 듯한 것이 한인 동포 사회의 현실이다. 각 한인회라는 곳 내부적으로야 나름의 의무나 권리, 정관이나 규약 등을 정해 놓았겠지만 어디까지나 그것은 '관심 있는 동포'들에게나 해당되는 것이지 절대 다수의 동포들은 한인회 이름조차 헷갈릴지도 모른다. 공관에서도 이러지도 저러지도 못하고 바라볼 수밖에 없는 태생적 한계가 있다.

이러니 한인회장이라는 역할이나 사명, 리더십에 대해서는 규정, 강제할 아무것도 없는 '이현령비현령(耳懸鈴鼻懸鈴)' 한인회장 하고 싶은 사람이 한인회 하나 만들면 되고, 사는 곳과는 엉뚱한 곳에서 한인회장을 하고, 인수인계라는 것이 있는 것인지 없는지, 전, 후임자끼리 편 가르기, 아니면 원수 되기, 그래서 어떤 때는 아무도 안 하겠다고 해서 맥이 끊길 뻔하기도 하고, 그런가 하면 누가 뭐라든지 연임하겠다고 하기도 한다. 그들만의 세계라지만 어지럽다. 이런 말이 있다. '정치 누구나 할 수 있다. 그러나 아무나 해서는 안 된다.'

그런데 이 젊고 똑똑한 친구가 더군다나 여성으로서 3년 전에 한인회장을 한다기에 우려 반 걱정 반으로 지켜봤다. 객관적 평가 기준은 없지만 꽤나 잘하는 것 같았다. 특히 불편부당하거나 지역적, 정치적인 처신을 썩 잘했다. 그녀의 임기 말이 되니까 지켜보기만 했던 워싱턴 이민 사회 조야에서 연임을 권장하고 재추대 성명 광고까지 내면서 거의 연임 추대가 확실해지고 굳혀져 가는 분위기였다. 재빨리 개인 메일을 보냈다. '후배님 수고하셨네, 만일 나 같으면 그만하겠네.' 내 말을 듣고 말고 할 정도는 이미 아니라고 생각했지만 정말로 임기를 딱 끝내고 박수 칠 때 물러나는 것이었다. '허세'라는 것이 비단 한인회장에만 국한된다고 볼 수 없다는 것은 알 만한 사람은 다 안다. 자칫 잘해 왔던 역사와 전통까지 도매금으로 매도될지도 모른다.

헛것을 머리 위에 둘러쓰고 있다가 목이 부러져서 죽어 버린 영조 시절의 '허세'와 '봉사'의 '참다운 의미'를 그 후배님은 알고 있었다고 생각한다.

2017. 12. 19.

2018년, 격쟁(擊錚)과 본립도생(本立道生)

　꽹과리 치는 걸 '격쟁(擊錚)'이라고 한다. 사물놀이 할 때 듣던 이 소리를 억울할 때도 쳤던 적이 있었다. 태종 때의 '신문고 제도'는 익히 알려진 내용이지만 신문고가 궁궐 안에 있어서 일반 백성들에게는 그림의 떡이었고, 왕에게 직접 알리는데도 경로가 복잡해서 유야무야 되어 버렸다. 조선 후기의 르네상스라고 불리던 정조 때에 이르러 '왕의 행차'에 꽹과리를 치면 멈추고서 자초지종을 직접 물었다고 하니, 소통(疏通)의 가장 완벽한 수범(秀範)에 속한다고 할 수 있겠다.

　'먼 지방에서 온 사람들이기에 격식을 어기는 경우가 있더라도 그들의 억울한 사연을 외면해서는 안 된다.'(일성록-日省錄 정조 3년 1779/8/11)

　1779년 8월 10일 효종의 능을 참배하고 돌아오는 길에 청계천변에서 격쟁하는 어린아이와 마주친다. '저희 아버지가 때가 지났는데도 유배지에서 아직도 못 돌아오고 있습니다. 돌아오게 해 주세요.' 겨우 10세 아이가 똑똑하구나, 돌아온 뒤 일기에 적고 나서 3일 내에 신속하게 처리하도록 했다. 조선시대 왕 중에서 '글을 가장 많이 남긴 왕'이 바로 정조였다. 그가 남긴 일기에 이런 꼼꼼하고 세세한 부분들이 다 기록되어 있다. 곡학아세(曲學阿世)할 이유도 없는 임금이고, 얼마든지 말로 다 해 버리고 '나 몰라라' 할 수도 있는 일이 아닌가.

글로써 생각을 남긴다는 것은 그 작업 과정이 힘들다기보다는 글 속에 '가치와 철학과 소신'을 넣어야 하는 어려움이 더 크고 어렵다. 요즈음에는 얼굴 보기 힘들어진 분들이 많지만 글 쓰는 사람들의 숙명이라고 생각한다.

2018년 새해가 밝았다. 개인적으로 무슨 '목표'라는 걸 구태여 잡고 말고 할 필요조차 없을 정도로 세월이 빠르기만 하다. 새해니까 새롭게 하겠다는 것은 이제는 지극히 관성적으로 들린다. 어제와 오늘, 그리고 내일은 분명히 다르다. 그러면서도 대부분은 특별할 게 없다고 해도 그다지 틀린 이야기도 아니다. 그날그날 최선을 다하는 게 오히려 편하고 알기 쉽고 성취도가 높을 수 있다. 어제 위에 오늘, 그리고 내일을 얹어 가면서 살아가는 것이 일상이다.

2017년은 고국 한국에 역사적으로 의미가 큰 한 해였다. 아직도 저지른 잘못들에 대해서 뭐가 뭔지도 모르는 것 같기도 하고, 천연덕스럽고 뻔뻔하게도 보인다. 누렸던 위치와는 어울리지 않는 변명과 회피, 비굴한 모습들은 국민들로 하여금 '잃어버린 세월'만큼이나 분통이 터지게도 한다.

탄핵 이후에 새로운 정부가 재조산하(再造山河)에 대한 염원으로 출발했지만 어느 누구하나 단시일 내에 그게 이루어질 것이라고 생각지 않는다. 그래서 참고 기다리며 지지하는 국민들의 기대가 굽힐 줄을 모른다. 그동안의 도탄과 질곡의 골이 얼마나 깊었기에 지극히 '평범한 나라 운영'임에도 70%대의 지지율을 그대로 보여 주고 있는지에 모두가 놀란다. '교과서대로 하고 있다.'라고 지난 8개월을 평가하고 싶다.

본립도생(本立道生), '기본을 세우면 나아갈 길이 보인다.' 논어(論語)에서 공자의 제자였던 유자가 했던 말이다. 세상이 어지러운 것은 기본이 무너져서 오는 것이요, 이 기본을 무너지게 하는 것은 범상(犯上)과 작란(作亂)이라고 했다. 즉, 가정에서 상하를 거스르고, 사회적으로는 혼란을 일으킨다는 것이다. 이것이 나라를 위태롭게 함이니 그 주동자를 처벌하여 나라의 안녕을 꾀해야 된다. 이건 누구나 해 왔고, 그렇게 어렵지도 않다. 여기까지라면 뭔가 특별할 것도 없어 보인다. 또 이걸로 이 글을 마무리하기에는 제 자신이 생각해도 찝찝하다.

그런데 유자의 철학에는 이 본립(本立)과 함께 무본(務本)을 두 차례나 더 언급한다. '기본을 세우고, 기본에 힘쓰자.' 왜, 기본이 무너지는지 그 근원이 무엇인지를 찾아낼 수 있는 데까지 찾아내서 기본을 세워야 비로소 '안녕'할 수 있다는 것이다. 무려 2,500년 전의 생각이다.

생각이 한쪽으로 기울어진 채로 거의 평생을 살아온 사람 같으면 아무리 '잃어버린 균형'을 이야기해도 그게 단시일 내에 바로 설 리가 없다. '균형적 성찰'은 누구에게나 필요한 것이다.

그게 무려 70년이다.

때로는 상황 논리로 자신들만의 탐욕을 이리저리 갖다 붙이다 보니 '국가의 기본'이 무엇인지도 모르게 흔들어 버렸다. 그렇게 하는 데 많은 노력이 필요한 것도 아니었다. 많은 사람도 필요 없었다.

　　거대한 방송사 하나 허무는 데 한 명으로도 충분했다는 것이 속속들이 밝혀지고 있다. 기본이 그만큼 허약했다는 것이다. 그럼에도 불구하고 반동(反動) 또한 만만치가 않다.

　　예전 같았으면 이미 반동의 물결에 '본립과 무본'은 산산조각이 났을 터이고, 기본과는 아무런 관계도 없는 '힘겨루기 싸움판'으로 이미 변하고도 남을 시간이 흘렀다. 그렇지만 지금은 '확실하게' 다르다. 그 확실한 것은 국민 각자 모두에게 '꽹과리(셀폰)' 하나씩이 들려 있다는 것이다.

　　이걸 아직도 모르고 있는 곳이 많다. 그야말로 깜깜이다.

　　모양만 달라졌을 뿐 영락없는 쇳조각 수백, 수천만이 근본에 초점을 맞추고 있다. 자연히 서두를 이유도 그다지 없다. 원칙을 기본에 두고 융통성의 한계까지도 면밀하게 체크하는 것이다.

　　'융통성이 없는 원칙'으로 국가가 경직되는 것도 그들은 있는 그대로 볼 것이고, 원칙을 버리고 '융통성의 무책임'에 빠지는 것도 정확하게 각자가 지켜보고 있다는 것이다.

　　시간이 다소 더 걸리더라도 파악된 원인의 근본을 잡아 간다면 '본립도생(本立道生)'을 이룰 것이다.

　　그래서 2018년은 격쟁(擊錚)이 더 필요할지도 모르겠다.

2017. 12. 31.

2018년

임중도원(任重道遠)

"임무가 무겁고 갈 길이 멀다"

탄로(綻露)의 미학(美學)
(이명박의 사자방)

'탄로'는 감추었던 사실이 드러나는 것을 말한다. 탄(綻)은 '옷이 터지다'라는 뜻으로 굳이 뜻을 풀이하자면 '옷이 터져서 몸이 밖으로 드러난' 것을 '탄로'라고 정리할 수 있다. 그래서 몸은 보온 문제도 있었겠지만 감추어야 되는 것이고 노출이 되는 것을 부정적으로 생각했던 것으로 짐작된다.

자연주의 사조 열풍이 고전이 되어 버린 이 시대에 '노출 문화'에 대한 이야기는 벌써 진부한 담론(談論)이 되어 버린 지 오래다. 한쪽에서는 감출 것도 말 것도 없는 듯 당당한(?) 행동들이 진행되고 있는데, 다른 한편에서는 모르거나 드러나지 않는 생각이나 행동, 현상에 대한 끊임없는 탐구가 인문학적 연구 영역을 넘어 자연과학 분야에까지 광범위해지고 있다.

극히 부분적인 내용에 속하겠지만 '관음증(觀淫症)' 같은 일탈적 심리도 이제는 '문학과 문화'로 자리하고 있다. 사방에 깔려 있는 CCTV에는 범죄의 단서는 물론이고 사고나 일상의 모든 것들을 그대로 노출시키고 있다. Google에 접속되는 개인 핸드폰을 통해서 당사자는 상상하지도 못할 사생활까지도 노출되고 있는 게 현실이다.

'탄로'의 국문학적 쓰임새는 '명사(名詞)'이다. 그에 해당하는 동사(動詞)로는 우리말에 '들통나다'라는 말이 있다. 평소에 들통 때문에 안 보이던 곳을 '들통을 들어내고 나면 그 밑을 볼 수 있다.'라는 데서 생긴 말이다. 비슷한 말로 '발각(發覺)되다'라는 말도 있다. 위에 열거한 '탄로', '들통나다', '발각되다'라는 말들을 수식하는 앞뒤 내용들은 대체로 '거짓말', '음모', '비밀' 등 감추거나 숨기고 싶은 내용들로 둘러싸여 있다. 옛말에 '알면 병이고, 모르는 게 약'이라는 속담은 작금의 심각한 사태에 적용하면 그야말로 '애교' 정도이다.

내부자에 의한 '폭로'가 아닌 '탄로'는 고발 영화나 추리소설에서는 개연성(蓋然性)과 맞물려 영화의 소재로써도 부적절할지도 모른다. 그러나 현실에 있어서 '탄로'는 거의 치명적일 수가 있다. 영원히 묻어 버리려는 사람들의 '치열한 노력'에 비하면 일반 대중들에게는 '관심' 자체가 아닐 수도 있지만 들통나거나 발각되어 탄로가 나게 되면 실체적 진실과 함께 법적, 도덕적 책임이 더욱 커지기 때문이다.

지난 연말부터 '다스(DAS)는 누구 겁니까?'에서 시작된 이명박 전 대통령의 집권 과정부터의 의혹들이 박근혜 정부에서 감추어지는 듯했다. 탄핵 사태가 거의 마무리되는 최근에는 거의 날마다 수많은 '의혹'들이 하나씩 '폭로'되고 있다. 박근혜 전 대통령의 탄핵으로 국민들의 상처가 가시기도 전에 그런 박근혜 정권을 탄생시켰던 일들은 물론(국정원 댓글 사건), 이명박 집권 기간 소위 '이익의 사유화, 손실의 국유화'에 철저했던 이른바 '이완용식 국가 운영'에 대한 전반적인 사항들이 발각되고,

들통나고, 저절로 '탄로'까지 진행되고 있는 형국이다. 잊히기를 바라고 있을지도 모르지만 이명박 정부 5년간 4대강, 자원 외교, 방위산업에 투자한 국고는 계산이 불가능한 천문학적인 액수이다.

그중에서 극히 일부이지만 아랍에미레이트 연방(UAE)과의 원전 수출 계약과 관련해서 지극히 비정상적인 계약 조건들이 '탄로'나고 있다. 약 20조 원의 원전 수출 계약을 맺으면서 숨기고 감춘 경악할 만한 '이면 계약'들이 속속들이 밝혀지고 있는 것이다. '60년간 가동 보증'을 하겠다는 것이나, 발생한 핵폐기물은 한국에서 역수입하기로 한 것, 건설 자금 중 11조 원을 금융 지원하기로 한 것 등 개인이나 기업이라면 상상도 못할 조건들이 숨겨져 있었다.

얼마나 얼토당토않았으면 이 건에 대해서는 심지어 박근혜 정부에서조차 조사를 했다는 것이다. 그런가 하면 2018년 1월 9일 김태영 당시 국방장관은 기절초풍할 기자회견을 한다. UAE에 유사시 한국군이 자동 개입하는 '비밀 군사협정'을 맺었다고 해 버린다. 이 사태가 어떻게 정리될지는 두고 볼 일이고 필자의 상상 범위 밖이다.

불과 얼마 전까지만 해도 '거짓말'이나 '실체적 진실'에 대한 일반 국민들의 접근은 '원천 봉쇄'나 다름이 없었다. 어떤 중요한 사회적 이슈에 대한 사안들이 실제로 근거나 증거는 물론, 사건화 되어 재판정에서까지 완전하게 정리가 되었다고 하더라도 이미 지나 버린 일들로 그대로 묻히고, 잊혀져 버렸다. 항상 그래왔듯이 정치인이나 공인들이 '대중들은 금방 잊는다.'라고 '전가보도(傳家寶刀)'처럼 생각한다면 큰 오산이다. 학자나 논객들이 과거에 썼던 '말과 글'들에 대해서도 이제는 거의 여지가 없어져 버렸다. 국민들로서는 아주 기쁘고 반가운 일이 아닐 수가 없다.

'탄로 날 것이 없는 사회', 탄로가 나더라도 '모르는 게 약'일 정도의 애교스러운 사회, 좀 재미는 없을 것 같지만 '아주 편안한 세상'일 것이라고 생각한다. 2018년 한국은 이미 그런 사회로 진입하고 있다는 느낌이 든다.

탄로의 역설이자, 아름다움이다. 감출 것 많은 사람들에게는 고역이겠지만 말이다.

2018. 1. 12.

먹고, 자고, 웃고, '평화'는 이런 것이다
(평창 동계 올림픽)

삶이 갈수록 편해질 것이라는 것은 어쩌면 환상일지도 모른다. 나이가 60이 넘으면 흰머리 쓰다듬으며 손주 녀석들과 유유자적 산책하는 것을 꿈꿔 왔는데 그것은 정녕 울타리 너머의 로망이었을까, 이민 생활도 15년이 넘었는데도 현실은 다시 이민 초기 시절처럼 바쁘기만 하다.

와중에도 얼마 전에 조지아주 애틀랜타에 회의가 있어서 잠시 공항으로 향했다. 차에서 내려 공항 입구에서 아이 둘이 딸린 젊은 엄마를 보았다. 하나는 걸리고, 하나는 안기고, 핸드백과 가방이 올망졸망 서너 개이다. 그중 하나를 건물 안까지 날라 줬다. 오전 그 시간에 공항은 수많은 노선으로 분주하고 북적이기 마련인데 이 모녀들을 공항 모서리마다 만나더니 커피 한잔하고 뒤늦게 탑승해서 좌석에 앉으려고 보니 같은 좌석이다. '세상에나!'

이제 1년도 채 안 된 갓난아기와 5살쯤 되어 보이는 여자아이가 금방 알아보고 웃는다. 그때부터 2시간 동안 이 엄마의 놀라운 손놀림이 시작되는데 도와줄 겨를도 없다. 잠시도 쉬지 않고 이 가방 저 가방에서 먹을 것, 그림 그리는 것, 흔드는 것, 스티커를 붙였다 떼었다. 한눈 한 번 팔지도 않고 쉼이 없다. 그 동작 하나하나를 보고 있으니 피곤함마저 가시게 한다. 그걸 신기하다고 해야 할까, 위대하다고 해야 할까, 숭고해 보이기까지 하다. 마치 즐기는 것처럼 보였다. 그런데도 결국 어린아이가 울고 보채니까 스스럼없이 부끄러움도 체면도 없이 젖가슴을 덜렁 내보이며 젖을 물렸다. 얼른 고개를 돌려 버렸지만 순간 조용해졌다. 손놀림도 멈추고 격랑이 지나간 듯 '평화'가 찾아왔다.

이번 평창 올림픽 개폐회식 총감독을 맡은 송승환 감독은 '난타(NANTA)' 공연의 창작자로도 유명하다. 요리를 소재로 '말없이 소리와 몸짓'으로만 한다. 한국 공연계 최초로 1천만 관객을 돌파하였다. 전 세계 51개국, 290여 개 도시에서 공연을 계속하고 있기도 하다.

식당을 2개 하다 보니까 바쁠 때는 난타 공연자가 된 느낌이다. 여러분이 식당에 가서 음식을 주문해서 맛있고 즐거운 시간을 보내고 있을 때 그 안에서 일하는 사람들은 수많은 손놀림을 빈틈없이 해야 한다. 그러니 그런 일 할 사람을 구하기도 쉽지 않고, 또 오래 하려고 하지도 않는다. 하는 수 없이 3년 전에 타이어 비즈니스를 할 때 일했던 형제를 보증을 하고 초청하였다. 최근에 그들이 각각 결혼하고 아이들과 아내까지 각각 거느리고 도착했다. 토끼 같은 그들을 데리고 가까운 한국 식당으로 갔다. 가족들은 두리번두리번하면서 신기해했지만 그들 형제는 김치나 한국 문화에 대해서 익숙하다. 이윽고 주문한 불고기 종류가 나오고 서투른 젓가락질을 하면서 즐겁고 편안해한다.

집 떠난 지 15일 만에 도착한 낯선 곳, 말은 안 통하지만 한국 음식이 그들 입에도 제법 입에 붙은 듯하다. 여기에도 젖먹이가 하나 있었다. 안 보는 사이에 그 젖먹이에게 김치를 먹였던지 앙앙대기 시작한다. 아주 익숙하고 거침없이 모두가 보는 앞에서 젖가슴을 꺼내 젖을 물린다. 민망할 겨를도 없이 이내 조용해져 버린다. '평화'다. 불과 며칠 사이에 두 차례나 젊은 엄마들의 젖가슴을 바로 눈앞에서 마주한 것이다. 숭고해 보였다. 이걸 필자는 '평화를 위한 본능'이라고 표현하고 싶다.

아주 먼 남의 나라 이야기 같지만 한국은 73년 전까지는 한나라였다. 한 어머니 아래서 젖 먹고, 웃고, 놀았던 한 가족이었다. 올림픽 행사는 따지고 보자면 '허세(虛勢)'적인 요소가 많은 게 사실이다. 권력자들은 고대 피라미드처럼 '큰 건축물'이나 '규모의 잔치'들을 좋아한다. 그래야 앞에 설 기회와 위력을 과시할 수 있기 때문이다.

평창 동계올림픽은 2011년 이명박 대통령 시절에 유치하였다. 그간 정권이 두 번 바뀐 뒤에 열렸고, 무사하게 끝났다. 올림픽이 시작되기도 전에 유독 일본과 국내 일부 언론은 '평양 올림픽', '분열 올림픽' 등 행사 자체를 비토하고, 세계가 남북을 지켜보고 있는데 갖은 음해와 훼방을 놓는 듯했다. 철없는 어린아이가 평소 얌전하다가 하필이면 손님 오는 날 성화를 부리는 경우와 같았다. 그러는 가운데서도 주최국으로서 기대 이상의 성과를 올릴 수 있었던 것은 기간 내내 이어진 '남북한 교류 소식' 때문이라고 말할 수가 있다.

    그리고 열흘, 올림픽이 끝나면 한반도에서 한미 군사훈련을 하느니 마느니 말미도 주지 않고 대북 특사단은 오는 4월 말에 판문점에서 남북의 정상이 만나기로 했단다.

    빨라도 너무나 빠르다. '한반도의 평화'는 자국의 이익과 배치된다는 일본, 미국, 중국, 러시아가 미쳐 계산기 두들길 시간도 주지 않고 가슴부터 확 열어 버렸다. 말로만 통일을 외쳤던 그동안의 정권들에 익숙해진 국민들도 어리둥절하기는 마찬가지일 것이다.

    '만나야 통일이다.'라고 했다. 그러나 통일까지는 아직도 갈 길이 멀겠지만 적어도 불과 2달 전까지의 '전쟁 공포'는 없어진 게 아닌가, 이것은 현실이다. 내 자식에게 젖 물리는 데 주변을 전혀 의식하지 않던 그런 마음이래야 '평화'를 가져올 자격이 있다. 그렇게 복잡할 것도 없다. 국민이 먹고, 자고, 웃게 만드는 게 평화다.

    '누가 그걸 방해하려 하는가!'

2018. 3. 7.

공범자 되어 버린 이명박 시대의 국민들
(사기의 끝판왕)

미국에 온 뒤로 할 수만 있다면 자식 둘 중에서 하나는 '변호사'가 되었으면 했다.

그런데 그렇게 될 것 같지도 않지만 이제는 차라리 안 하길 잘했다는 생각도 한편으로는 든다. 한동안 교회 성가대에 같이 섰던 젊은 성도가 어느 날 갑자기 신학 공부를 위해 변호사를 그만둔다고 해서 참으로 놀라워한 적이 있다. 세상살이가 결코 평탄하다고 볼 수 없는 필자도 이런 '비범한(?) 선택'이나 '바보 같은 도전'을 하는 사람들에게 강한 동질감 같은 걸 느낀다. 자세히 묻기도 뭐했는데 '법과 양심' 사이의 그렇고 그런 고민이었다는 것만 기억에 남아 있다. 또한 사람이 있었다. 이 여성분은 변호사를 그만두고 연방 공무원으로 간다고 했다.

'변호사(辯護士)'는 '법률에 규정된 자격을 가지고, 소송 당사자나 관계되는 사람의 의뢰 또는 법원의 선임에 의하여 피고나 원고를 변론하며 일반 법률 사무를 업으로 삼는 사람'이다. 이때 쓰이는 변(辯)은 '말 잘할 변'을 쓴다. 비슷한 글자 중에 '분별할 변(辨)'이 있다는 걸 우연히 알게 되었다. '분별을 잘하는 게 아니라 말을 잘해서 의뢰인을 보호하는 사람'이라고 해석이 되는 부분이다.

'사람 사는 세상 워싱턴'은 2011년 3월 1일부터 6월 10일까지 100일 동안 워싱턴 주미대사관 앞에서 '이명박 퇴진 100일 시위'를 하였다.

바로 1년 전 2017년 3월 10일에 헌정사상 최초로 현직 대통령이 '무능' 해서 탄핵을 당했다. 그 이틀이 지난 3월 13일, 그 탄핵을 보고 '무능해서 탄핵' 당한 듯한 발언을 했던 이명박 대통령이 20여 가지 범죄 혐의로 검찰의 포토 라인에 섰다. 의례적인 대국민 발언, 21시간에 걸친 검찰 조사에서 거의 모든 혐의를 '철저하게 부인해 버렸다.' 그러고는 박근혜 전 대통령처럼 측근들에게는 '조사를 잘 마쳤다'고 했다 한다. 아직도 세상은 '자기가 말하는 대로 통할 것'이라고 생각한 듯하다.

이명박 전 대통령은 대통령이 되기 전이던 2007년 8월 박근혜 후보와의 당내 경선에서 '당락과 상관없이 가족들 살 집 하나만 남겨 놓고 전 재산을 국가에 헌납하겠다'고 약속한다. 그래서였던지 최근 검찰 조사를 앞두고 '변호사 선임 비용을 고민하고 있다.'라고 한다.

전두환 전 대통령이 2,259억 원 추징금 부과에 대해서 '통장에 29만 원밖에 없다.'라는 그 유명한 발언이 쌍둥이처럼 '데자뷔(Deja vu)'로 확 다가온다.

이런 말이 있다. '정직은 단순하고, 거짓은 번잡하다.'

어떤 사건의 진실이 사실로 밝혀지는 데에는 객관적인 증거나 발언 등이 주로 제시된다. 수많은 증거와 증언, 사진, 문서 심지어 동영상이 존재하는데도 이런 증거를 부정해 버리는 피고인과 그의 변론을 맡게 되는 변호사, 그는 의뢰인을 대신해서 싸워 줘야 하는 입장에서 의뢰인과 직업적으로 철저하게 혼연일체가 되어야 하겠지만 인간적인 고민과 함께 추악하고 비루한 범죄자와 함께 양심도, 영혼도 던져 버리고 진흙탕 속으로 기꺼이 같이 들어가야 하는 운명도 마다하지 말아야 하는 직업이다.

그래서 그런지 수임료 또한 양심을 판 무게만큼 무겁게 정할 듯하다. 돈으로, 돈 때문에 '궤변'을 만들어 내야 하는 것이다. 아무리 돈 때문이라지만 이에 따른 '직업적 고민과 소명' 사이에서 갈등을 두 전직 대통령 재판을 보면서 이제는 이해할 듯하다. 일국의 대통령이 자기 형제, 가족, 심지어 부인에게까지 책임을 전가해 버리거나 사실을 부정해 버린다는 것은 그를 변호해야 하는 사람들로서는 고민해야 할 일이 하나 더 생길 듯하다.

형사 사건 변호사 '성공보수약정'은 대법원 판례상 민법 103조에 의거 '무효'이다.

이명박 대통령 변호사들은 무료 변론을 '각오'해야 될 것이다. 그래서 그런지 변호사 선임이 어렵다는 소식은 '희대의 사기 사건을 맡을 변호사가 한국에는 거의 없다.'라고 보는 게 맞을 듯하다. 오늘의 그가 그렇게 된 데에는 조력자와 공범자가 있어서 가능했다. 그를 대통령까지 만든 사람들은 피해자이면서 동시에 '공범자'가 되어 버린 이유가 여기에 있다. 이런 마음을 알기나 할까?

추가 조사를 앞두고 이렇게 국민들이 서글퍼 하는 심정까지도 '어떻게 이용해 볼까?'를 연구하고 있을 것 같아서 소름이 인다. 그리고 허탈하다.

2018. 3. 23.

삼성, 삼성, 삼성

600년 전통의 합스부르크 제국, 오늘날의 헝가리 오스트리아 지역은 19세기에 들어서 호전적인 게르만의 진격 앞에 속절없이 '제국의 종말'을 고하지 않으면 안 되었다. 그런데 제국의 종말은 역설적이게도 '지성의 탄생'이기도 했다. 서구 지성의 원류라고 할 수 있는 수많은 사상가들이 이 시기에 오스트리아 빈과 헝가리의 부다페스트에서 명멸해 갔다.

그중 19세기 최고의 여류 작가 에브너-에셴바흐는 '죽지도 않고 고칠 수도 없는 병, 그것이 가장 나쁜 병이다.'라고 하면서 빈의 거리에서 저물어 가는 제국의 석양을 바라보고 있었을지도 모른다. 영원할 것 같았던 그 합스부르크 제국이 몰락한 게 1918년이니까 올해로 딱 100년이다. 망해 가면서야 비로소 지성과 지혜를 얻게 된다는 게 그나마 다행일지도 모르겠다.

한국은 '삼성공화국'인 게 보다 확실해진 듯하다. 자고 나면 '삼성'이다. 이제는 일일이 열거하기에도 기억에 한계를 느낄 정도이다. '삼성이 잘못되면 어떻게 되나!' 분단된 섬나라 아닌 섬나라에서 그나마 세계적 기업이자 국가의 자랑으로 오랜 세월 경도되어 온 관성은 각자의 몫이겠지만 작금의 삼성은 제국의 쇠락 과정에서 보여 줄 만한 요소들을 두루두루 섭렵해 가고 있다고 본다.

이런 상황은 삼성 80년 사상 초유일 것이고, 나라의 입장에서 본다면 삼성은 있어서도 안 되고, 그렇다고 없어서도 안 되는 아주 고약한 존재임이 점차 더 드러나고 있다고 본다. 이럴 경우 '제국의 말로'처럼 스스로 무너지게 되어 있다.

어느 정도 짐작은 했지만 박근혜 전 대통령의 부패의 연결 고리를 시작으로 이명박 시대로 거슬러 2대에 걸쳐 부패의 한가운데에는 여지없이 삼성이 있었다. 물론 그 이전에도 더 많았을 지도 모른다. 2007년 소위 '삼성 X파일' 사건이 나자 이건희 삼성 회장은, '경영 일선에서 물러나고 조건 없이 8천 억을 사회에 환원하겠다.'라고 했다. 항상 느끼는 바이지만 악마는 멀리에 있지도 않고, 불행은 거의 스스로 자초한다고 믿는 사람이다. 세상의 흐름을 선도할 것으로 비쳤던 삼성 제국은 그 세상이 어떻게 바뀐 줄도 모르는가 보다. 역시 바깥세상을 모르는 사법부 심판들의 눈높이를 마치 허들 뛰듯이 만들어 버리고 있다. 이제 이런 곡예가 언제까지나 이어질 것이라고 보는 국민들은 그리 많지 않아 보인다.

현재 삼성에 근무하는 직원이 몇 명이나 될까? 범삼성가를 망라한다면 50여 만 명이 넘을 것이라는 조사를 본 적이 있다. 하청 관계, 정, 재계, 언론계까지 넓히다 보면 한국의 각 가정마다 삼성과 직간접으로 연관이 없는 가정이 없을 정도이다.

이번에 이명박 전 대통령 수사를 하던 검찰은 뜻밖에도 삼성의 '노조 와해 의혹 문건'들을 6천여 건이나 발견하였다. 그 내용을 들여다보면 가족 중에 삼성 직원 있다는 게 결코 자랑거리만은 아니라는 걸 금방 알 수가 있다. 기계처럼 일하지 않고 사람처럼 일하려고 했다가는 가족들 까지 조사 대상이 되었다는 것이다. 국헌(國憲)을 부정하는 '삼성 경영' 의 민낯이 노출되어 버린 일대 사건인 것이다.

거의 동시에 터진 삼성증권 자사주 배당 사고는 따지고 보면 '코끼리 비스킷'에 해당하는 28억 원을 직원들에게 주당 1천 원씩 자상하게 나눠 준다는 것을 1천 주씩 잘못 배당하자 삼성 직원 아니랄까 봐 그걸 재빨 리 팔아 치워 버려서 나라를 발칵 뒤집어 놓아 버렸다. 단순 실수라고 하 기에는 실로 '엄청난 파장'이 수반될 문제인 것이다. 어디 이뿐이겠는가, 앞으로도 제국의 드라마는 편집(?) 없이 계속될 것이다. 예전에도 있어 왔던 일들을 감추고, 틀어막고, 회유하고, 협박해 왔다. 제국이 그러했듯 이, 이제 그 제국의 방벽과 철문들이 걷히면서 서서히 드러나고 있을 뿐 이다.

재조산하(再造山河), 70년 민족의 숙원들이 이루어지려고 하는 봄이다.
나라 안에서도 낡고 칙칙하고 무거운 적폐들을 하루하루 걷어내는 데 국민들 모두가 열심이다. 사람이 먼저고 국민이 우선이다. 그런 국가의 국기와 국헌을 바로 세우는 데 삼성은 더 이상 장애일 수도 없고, 장애여 서도 안 된다.

동양에서의 '불로초'를 서양에서는 '암브로시아(Ambrosia)'라고 한다. 그리스 신화에서 신들이 먹는 음식을 그렇게 부르는데 이걸 먹는 사람은 누구든지 불멸의 능력을 가진 것으로 알려지고는 있다. 사람의 수명이 많이 길어졌다고는 하지만 1백 년을 지탱한다는 것은 가히 '신의 경지'라고 할 만하다. 1938년, 지금으로부터 80년 전에 탄생한 삼성그룹은 인간 수명으로 치더라도 상수(上壽)를 누리기에는 아직도 20년이 딱 더 남아 있긴 하다.

이건희 회장이 2000년을 앞에 두고서 '마누라만 놔두고 다 바꾸자.'라고 했다. 시성(詩聖)과 같은 탁견이라 했다. 말처럼 했었다면 어땠을까?

제국의 몰락을 목전에 둔 지성의 고고한 외침을 씁쓸하게 다시 들려주는 것으로 국민들이나마 희망과 위안이 되었으면 한다.

'가장 나쁜 병은 죽지도 않고 고칠 수도 없는 병이다.'

이건희 삼성 회장은 2014년에 입원한 뒤로 아직까지 그 어느 누구도 그의 근황을 모르고 있다. 앞으로도 언제까지 이렇게 지낼지도 모른다.

2018. 4. 12.

선민주(先民主) 후통일(後統一)
(4·27 판문점 선언)

분단 73년, 전쟁 65년의 한반도는 움직일 수 없는 현실이다. 분단 이전에도 태평양 전쟁과 일본 제국주의 치하였으니 소설『태백산맥』이나 『토지』에서처럼 누가, 어디까지가 적이고, 아군인지, 오랫동안 한동네 사람끼리도 그 '갈등과 불신'은 삼천리 방방곡곡에 누룩처럼 얼룩질 수밖에 없었다. 겉으로는 웃고 있었지만 헛웃음일 수밖에 없었고, 열심히 일해서 부귀를 누리고 있다 한들 '사돈네 논 사는 것'이 되어 버린다. 가끔씩 세계 속의 한국이 어떻고, 국가적 자긍심도 가져 보지만 채워도 채워지지 않는 허전함을 못 느끼고 살아왔다면, 또 일부러 외면하고 회피했다면 지식인으로서 숙명을 저버린 것이라고밖에 할 수 없을 것이다.

태어나서 자라고, 교육받고 성장했던 그 모든 환경, 국민 개개인의 삶과 인생에 이 '분단'의 상처는 전 민족에게 직간접적으로 끊임없이 영향을 주어 왔다. '국민의 4대 의무'인 근로, 납세, 교육, 국방, 어느 것 하나 이 범주에서 벗어나는 것이 없었다. 이 나라에 태어난 숙명이었고, 바로 '분단 상황'이 그렇게 만들었다.

꽃이 피고, 새가 울고, 구름이 떠 있는 것은 잘 보일지라도 그 꽃이 피는 땅, 그 새가 앉아 있을 나무, 그 모두를 넘나드는 구름의 '존재적 고뇌'라는 걸 알려고 하지 않았다면 그럴 수도 있다. 당장 살아가는 데 지장을 못 느끼듯이 '통일'의 문제도 사람마다 각기 다를 수 있기 때문이다. 그러나 밥을 먹어도, 잠을 청해도, 하늘을 바라봐도, 항상 뭔가 개운치가 않았고, 더군다나 신문을 보고, 방송을 듣고, 투표를 할 때에는 울분과 분노, 실망과 허탈 속에 좌절해야만 했던 수많은 이 땅의 지성들은 이런 '근원적 고통'과 '순교자적 사유(思惟)'에서 벗어나려 하기보다는 그 방법과 도리를 구하고자 하는 노력들에 간단(間斷)이 없었다. 그래서 한국 인문학의 종착점은 이른바 '분단 극복'이 될 수밖에 없었다. 지금은 많이 잊혀지고 지워져 있지만 여전하게 이의 실행을 위한 '통일 실천 방법론'이 사회과학 바탕에 항상 전제되고 있는 것은 당연하다 하겠다.

선통일(先統一) 후민주(後民主), 또는 선민주(先民主) 후통일(後統一), 최근의 남북한 현실이 생소하게 보이는 어떤 분들에게는 아주 생소하게 들릴 수도 있다.

먼저 '선통일론'이다. 현재까지 한국 사회에서 빚어졌던 제 모순의 우산 꼭지에는 분단이 그 원인이므로 반민주, 반민족, 반통일, 소외와 차별, 분노와 갈등 등은 통일만 되고 나면 일거에 해소될 수 있는 것들이라고 일생을 고고하게 헌신해 온 분들이 주장하는 바다. 심지어 남한에서의 민주 정부의 탄생, 좌절도 그 구조적 단초는 결국 분단이므로 이의 근본적 해결이 없는 제반 노력은 격화소양(隔靴騷痒)일 뿐이라는 것이다. 논리적이다. 하지만 이상적이라고 보는 일견들이 여전했다. 해방 조국하에서 반통일 세력들로부터 일방적으로 매도당했던 그래서 이번 '판문점 선언'에서는 차마 할 말조차 잃어버릴 정도로 만감이 서린 분들이다. 그동 안 통일의 최일선에서 아무리 상황이 뒤틀리고 꼬이더라도 죽기 전에 그 날만을 기리며 신념 하나로 견뎌 내신 분들이 계신다. 그래서 이번 '4·27 판문점 선언'을 바라보고 있을 대부분 연로하신 '분단 1세대 통일 원로'분 들에게 일생의 선물과 기쁨이 되도록 마음을 다시 다져 잡고 싶다.

'선민주론'은 점진주의에 바탕을 두고 있다. 국제사회의 복합적인 상 황이 현실적 어려움으로 작용하고 있고, 이런 상황들을 자신들의 정치적 발판으로 십분 이용해 온 남북한 양측 위정자에 대한 현실적 대안으로 서 우선 남한 내부에서 진정한 정권 교체를 이룬 다음에 통일에 접근하 는 것이 순서라고 보는 견해가 이것이다. 이제 미국은 물론 일본마저도 이번 판문점 선언을 '세기적 사건'으로 평가하고 있음에도 여전히 비통 일적인 모습의 극소수를 제외하고는 대다수 국민들이 이런 견해에 이제 는 동의하는 듯하다.

가장 가슴 아픈 것은 전 현직 대통령들에게는 모두 똑같은 기회와 권 리와 의무가 주어졌었다. 대통령은 민족을 위해 많은 것들을 할 수 있는 위치이다. 지금 생각하면 북한은 예나 지금이나 거의 같다. 그런데 어떤 때는 '전쟁 구름'이 한반도에 드리워지고, 어떤 때는 '평화와 번영'이 눈앞 에 아른거렸다. 그것은 남쪽이 누구냐에 따라서 달라졌다. 어쩌면 처절 하게 반성해야 할 지점이기도 하고, 그래서 한없이 진지해져야 하는 시 기이기도 하다.

선민주(先民主) 후통일(後統一)이 일단 이겼다(?)라기보다는 이미 알고 있었지만 스스로 고난의 그 길을 몇 걸음 앞서 걸어가야만 했던 선각자의 각각의 염원은 이제 민족사에 기록될 것이다.

닭이 먼저든 달걀이 먼저든 지금은 8천만 겨레가 '평화와 번영'으로 하나 될 역사적 시간 위에 서 있다는 것은 보다 분명해지고 있다.

2018. 4. 28.

워싱턴 한인 사회 민주 원로의 대부 고 김응태 평통 회장, 대표적인 선민주론자이다

산 너머 남촌에는

'엄마야 누나야 강변 살자, 뜰에는 반짝이는 금모래 빛.' 찌들고 비틀리고 굴곡되었던 반도 땅에 '하나 된 봄'의 환희와 합창이 절로 넘쳐 난다. 요한 스트라우스의 '봄의 왈츠' 같은 웅장함과 화려함은 없더라도 세상에 태어나서 철없던 어린 시절을 제하고 거의 40여 년이 지나서야 문득 봄다운 봄을 맞고 있다는 느낌이다. '복숭아꽃 살구꽃' 노랫말만 들어도 마음이 따뜻해지는 한겨레 한반도다. 거기에 가수 박재란이 불렀다는 〈산 너머 남촌에는〉라는 노래에 실린 봄 처녀의 설레는 가슴 또한 여지없이 한국인만이 만끽하는 봄의 감정선이다.

봄에는 남풍이 불어온다. 훈훈한 남쪽 바다에서 불어오는 남풍에 노란 유채밭이 출렁이고, 한겨울을 난 보리잎들이 서로를 부대끼기 시작하면 덜 여문 청보리 알갱이들이 우후죽순처럼 하늘거린다.

자라나면서 왜 동남풍 또는 남서풍의 따뜻했던 남풍이 까마득해져 버렸을까. 생각해 보니 그동안 '북풍' 이야기만 줄곧 듣고 살아온 40여 년이었다. 북풍은 추웠다. 그 추위에도 추수해서 텅 빈 논 가운데 세워진 볏단에 기대어 두 손을 호호 불며 연을 날리던 추억 외에는 즐거웠던 기억이 별로 없다.

그런 북풍은 선거가 뭔지를 알게 된 뒤로부터 시도 때도 장소도 계절도 상관없이 선거 때마다 불어닥쳤다. 한여름에도 북풍이 몰아쳤다. 온나라가 간첩과 술래잡기를 해야 했고, 북쪽을 생각하는 것만으로도 불경스럽게 자신들을 영리하게 다스려야 했다. 알려고도 않았고, 알 필요도 없게끔 그렇게 지난한 40년은 국민들을 박제해 나갔다.

최근 소식에 의하면 북한에는 전국에 500여 개의 시장이 열린다. 한국의 70년대 '5일장' 같은 것이다. 핸드폰 보급도 500여만 대로 급격하게 증가하고 있다고 한다. 거기다가 남한의 가요, 드라마, 뉴스까지 속속들이 모두 알고 있다. 여과 없이 남한의 모습들을 보고 느끼고 살아간단다. 반면에 필자부터도 북한을 제대로 알지도 알려고도 하지 못해서 거의 모른다. 몰라도 너무 모르고 있었으면서도 자각마저도 없었다.

우리가 중동이나 중남미, 아프리카 국가들을 잘 모르듯이 전 세계에 북한을 '가장 악랄한 나라'로 만든 것은 바로 남쪽의 같은 땅, 같은 민족이었다는 사실에 선뜻 동의하기 싫지만 또한 엄연한 사실이라고 하니 이 봄이 되고 나서야 비로소 확실하게 더 그것을 깨달았다.

'4·27 판문점 선언'은 정치적 상징인데도 국민 모두가 자기 일처럼 느낀다. 세월호가 그랬듯이 '언론'이 연출하지 않는 생생한 현장 그림이 여과 없이 그대로 국민들에게 전해진 것이 더욱 그렇게 만들었다. '사실' 속에서 '진실'을 분별 있게 가늠하고도 남을 성숙한 국민들이 이 땅에 모두 오롯이 살아 있었다. 이번 선언이 정권과 상관없이 지속될 수 있도록 대의기관인 국회 비준을 받아야겠다는 것은 누구의 요구와 필요를 따질 것조차 아니다. 이걸 '정치 쇼'라고 생각하는 것까지는 그럴 수 있다고 치자. 그런데 지나 놓고 보니 국민들의 눈높이는 그동안 남북 관계에 있어서 이명박의 '통일 항아리 쇼'나 박근혜의 '통일 대박 쇼'가 그야말로 '쇼'였다. 그래 놓고도 비준에 동의를 못 하겠다고 한다. 다시 집권하면 북풍한설 만들겠다는 것으로 읽힌다.

독재자나 탐관오리들은 백성이나 국민들의 고통을 즐기는 가학적인 경향이 있다. 국민들은 권력자를 위해 존재해야 하는 것으로 권력자 주변에서는 그 국민의 실태를 감추고 알 수가 없게 했다. 자신이 죽음에 임박해서야 '세상'이라는 것을 알게 되어 있다. 불행히도 이번에 보여 진 바로는 북보다는 비교가 되지 않을 것으로 생각했던 남쪽의 두 전직 대통령이 그것에 더 가깝다고 보는 것이 필자의 시각이다. 남북이 어울려 12시간 동안 진행된 '판문점 정상회담'을 본 국민들의 대체적인 시각일 수도 있다. 북이 대화든 외교든 간에 상대라고 한다면 남쪽은 앞으로 공부해야 할 일들이 북보다 훨씬 더 많아야 할 것 같다.

5월 4일 연합 뉴스에 따르면 '금강 세종보 수문 개방 6개월 만에 되찾은 금빛 모래'는 지난 6년 동안 흐르는 물을 막아 놓아서 쌓였던 진흙더미가 불과 6개월 만에 모래로 가득하다는 훈훈한 소식이다. 자연의 순화는 이렇게 놀랍도록 빠르다. 순리를 거역하는 것처럼 어리석은 것은 없다.

어쨌든 선거 때가 되니 여지없이 초여름인데도 북풍이 몰아치고 있다. 따뜻한 남풍 뒤에 불어오는 초여름 훈풍은 예전에는 보지 못했던 바람이니 '신북풍'이라고 해야 할까 보다.

'산 너머 남촌에는 누가 살길래, 해마다 봄바람이 남으로 오네.' 노랫말의 예지가 놀라운 봄날이다.

2018. 5. 5.

착수가 곧 성공이라
(김정은&문재인&트럼프)

6, 7년 전에 통일부 장관을 했던 정세현 장관을 워싱턴에서 뵌 적이 있었다.

남북한 문제나 통일 문제로 좌담을 했는데, 그가 '우리 민족은 참으로 복이 없는 것인지 운이 없는 것인지…' 하고 말끝을 흐렸던 일이 생생하다. 1994년 7월 25일 평양에서 열기로 한 남북 정상회담을 불과 보름 앞두고 북한의 김일성이 7월 8일 묘향산에서 사망한 것이다. 공교로운 것인지, 정말 운이 나쁜 것인지 그랬었다.

최근의 한반도의 국제 외교 상황은 어지러울 정도를 훨씬 뛰어넘는다. 극적, 혹은 극 반전, 반전의 반전이다. 그만큼 산적해 있었고, 해결할 일들이 많았었다고 보는 게 맞다. 서글픈 현실이지만 한반도 문제가 남북한, 한민족만의 문제가 아니라는 걸 대다수 국민들이 이제는 '확연하게' 느끼는 것 같다.

4월 27일 정상이 만나고, 뭔가 잡힐 듯 보이지만 이제 겨우 시작일 뿐이고 뭐 하나 장담할 수 없는 상황의 연속이다. 외교에는 상대방이 있다. 필자의 눈으로는 그동안 남쪽 한국과 미국의 관계는 외교 상대가 아니었다. 아니 상대가 될 수도 없었고, 제대로 외교 상대가 되어 보려고 했던 시기도 미미했었다. 그럼 뭐였을까?

　여기에서 잠깐 한미 양국의 대통령 파트너를 비교해 보자. 시기가 정확히 일치하지는 않는다. 박정희와 닉슨과 존슨(공화당), 전두환과 지미 카터(민주당), 노태우와 레이건(공화당)까지는 한국이 '군부독재' 시절이었으니 남북이 서로 갈라서 있어야 '전쟁'이라는 요술 방망이 하나만으로도 통치하기가 편한 소위 '적대적 공생 관계'이던 시절이었다. '통일, 남북 대화' 같은 것은 실질적 국정의 순위에 중요하지도 않았다. 그 이후로도 김영삼과 클린턴(민주당), 김대중과 아들 부시(공화당), 노무현과 아들 부시(공화당), 이명박, 박근혜와 오바마(민주당), 문재인과 트럼프(공화당)가 각각 서로 상대해야 하는 리더였다.

　한국과 미국의 민주당이 당명이 같다고 해서 정체성이 비슷할 것이라는 것도 이번 미국 민주당의 태도를 보니 편견이라는 것이 확실하게 드러났다. 다만 상대적이기는 하지만 정치적 패러다임의 '진보와 보수'라는 정체성을 억지로라도 맞춰 보겠다 한다면 그간 양국 리더는 이상스러울 정도로 서로 어긋나 있음을 알 수가 있다.

　한국의 탄핵 정국이던 2016년 11월에 치러진 미 대선에서 공화당 후보 트럼프에 대한 한인 유권자 지지율은 14%에 불과했다. 그런데 트럼프가 당선되었다. 미국도 놀랐지만 한국은 더 놀랐다. 트럼프의 당선은 한국, 특히 남북문제로 좁혀 보면 낙담이 아니라 절망적일 수밖에 없었다. 전쟁밖에 답이 없을 지경이었다. 실제로 취임하자마자부터 말로 하는 핵폭탄들이 날아다녔다.

'한민족은 무슨 잘못이 있기에 이다지도 운이 없는 것인가?'

지구상에서 가장 먼 거리는 남극과 북극이다. 손바닥에 놓인 나침반의 양 끝이 다시 만나려면 4만 킬로미터 지구 한 바퀴를 돌아와야 한다. 물리학에서는 도저히 통할 수도 함께할 수도 없는 불가능의 대명사가 '극과 극'이다. 그럼에도 불구하고 양극은 서로에게 꼭 필요하다. 상대가 없는 서로는 존재하지도, 존재 자체도 무의미하다. 그래서 '초극(超極)' 이라는 인문학적 사유(思惟)를 하지 않으면 안 되는 일들이 요즈음에 '한국'을 중심으로 일어나고 있는 것이다. 그 초극적인 접점을 찾기 위한 엄청난 에너지의 충돌들이니 어지러울 수밖에 없다. 거의 65년간 어느 누구도 풀지 못했던 일이다.

여기에는 국가라는 시스템이라던가, Top down이거나 Bottom up식 의사결정, 그런 것이 무의미하다. 그래서 당대의 관념이나 외교, 정치 논리로는 상상 자체가 난센스일 수도 있다.

구태여 있다면 가히 '초인(超人)들, 슈퍼맨'만 3명이 있다. 이 3명의 수장들은 따지고 보면 적당히 국내문제나 다독이며 임기 지나 버리면 그만일 수도 있고, 가만히 앉아 있어도 누가 별로 시비할 이유들도 별로 없다. 관계된 세 나라뿐만 아니라 수많은 나라들에서는 국민들이 아무리 뭘 원한다고 해도 리더가 반드시 그렇게 하는 경우보다는 그렇지 않은 경우가 다반사인 것이 세상이니 그렇다는 것이다.

전혀 어울리지도, 같을 수도 없을 것 같은 김정은 위원장과 트럼프 대통령이 불가능할 것 같은 '초극의 접점'을 이룰 것만 같은데, 서커스 같기만 하다. 지금 전 세계의 이목이 한민족에게 있다. 이는 감히 유사 이래 처음일 것이다. '악마는 디테일에 숨어있다(The devil is in the details).' 그것은 아무리 훌륭한 건축물이라도 아주 조그만 홈 하나로 인해 흉물로 변할 수 있다는 의미이다. 서커스가 아슬아슬함이 없으면 서커스가 아니다. 앞으로도 언제, 누가 이런 거대한 흐름에 끼어들게 될지는 오직 신만이 안다. (God is in the details, Van der Rohe)

'한반도 운전자론'을 주창한 문재인 대통령을 가진 한민족은 오랜 세월 응축되었던 '운(運)도 복(福)'도 갖게 되지나 않을까 조마조마하지만 지금은 오직 100년 전에 민족의 흥운을 걸었던 독립선언서의 마지막 외침이라도 붙들고 있고 싶을 따름이다.

'착수(着手)가 곧 성공(成功)이라!'

2018. 5. 29.

'CVID'라는 건 세상에 없다

하도 뉴스에 자주 나와서 무슨 뜻인지 찾아봤다.

C(완전하고 Complete)
V(검증 가능하고 Verifiable)
I(돌이킬 수 없는 Irreversible)
D(파괴 Dismantlement),

영어조차 어눌했던 조지 W 부시 대통령이 15년 전인 2003년에 북한 핵에 대한 미국 나름의 기준으로 정해 놓은 데서 유래된 '용어'라고 한다. 그는 2002년 취임하자마자 전 세계를 향해서 '이란, 이라크, 북한'을 이른 바 '3대 악의 축'이라고 선포해 버린다. 그리고 취임 1년도 되지 않아서 본토이자 미국의 심장이라고 하는 뉴욕 무역 센터에 테러가 났다.

엊그제인 2018년 6월 12일 싱가포르에서 적대 관계 70년 만에 북한의 지도자를 만난 트럼프 미국 대통령은 회견 말미에 '군사적 옵션은 없느냐?'라는 한 기자의 질문에, '뉴욕에는 800만이 살고 있다. 한국의 접경지대에는 2,800만의 인구가 살고 있다.'라고 답변했다. 그동안 미국에 '한국 전문가'라고 하면서 그걸로 밥 먹고 있는 사람들이 얼마나 되는지 자세히 모른다. 트럼프의 이 한마디가 그들의 필생의 직업을 위협하기에 충분하다고 생각된다.

트럼프는 말을 이어 갔다. '오랫동안 해 온 '워 게임'(War game·전쟁 연습)을 중단할 것이며 이로 인해 우리는 막대한 자금을 아낄 수 있을 것'이라고 말했다. 그게 돈의 관점에서 보면 어떻고, 생명의 관점이면 어쩌랴, '부뚜막의 소금도 넣어야 짜다.'

청와대는 즉각 '상황 변화는 없다'고 발표한다. 지극히 관념적 대응이었다. 다음날 열리는 지방 선거를 너무 의식했을 수도 있겠지만 이 사안을 놓고 벌어질 한반도 통일 반대 세력들의 반응을 지레 겁내 왔던 발언의 연장인 것이다. 아니나 다를까 70년 만에 열린 북미 정상회담의 본질과 역사적 의미는 국내 언론에서는 사라져 버렸다.

소위 '주요 언론'이라고 하는 신문들의 1면 기사 제목들을 보자.
동아, '한미연합훈련중단' 시민들 패닉, 주한미군 철수 시간 문제,
중앙, '한미 훈련 중단하겠다.' 폭탄 선언,
조선, 연합훈련 중단 '안보 쇼크' 일파만파,
'평화와 번영'의 시대를 저주하는 데 즐겨 사용하는 말들의 성찬이다. '패닉, 폭탄, 쇼크' 안 그래도 작은 반도 땅, 그것도 갈라진 지 70여 년 만에 그토록 증오하던 북미 양국이 한자리에 앉아서 악수하고, 밥 먹고, 대화했다는 사실 하나가 얼마나 대단한 일인 줄을 아직도 모르나 보다. 문재인 대통령은 '뜨거운 마음으로 북미 정상회담을 축하한다'고 아주 짧

게 말했다.

우애 있는 형제가 한집에서 살다가 어느 날 갑자기 마당 한가운데 담장이 생겨 버리더니 각자 자기주장에 동조하는 사람들과 패거리 지어서 동네 부끄러운 줄도 모르고 서로 삿대질하고 오물 집어 던지고 불편하게 살아가고 있다. 이렇게 살지 말자고 한두 번 만나보기도 했지만 그동안의 앙금이 너무나 깊기도 했고, 주변에서는 '언제는 원수야 악수야 하더니' 저러는 건 도무지 이해가 안 간다고 갸우뚱할 수도 있다.

더군다나 미국은 담장 한쪽인 북한에 대해서는 극악무도하고, 집안 어딘가에 번쩍거리는 과도(핵)를 숨겨 놓고 있다고 결론 내놓고 할 수만 있다면 그 집을 폭파시켜 없애 버려야 동네가 평화롭다고 사방팔방에 나발을 불고 당장이라도 폭파하겠다고 달려들 상황이라면 어떻게 할까?

안 죽으려면 북한은 고슴도치처럼 담장에 철조망도 더 높이고 언제 죽이려 할지 모르는 것에 대비라도 해야 하는 건 지극히 당연하다. '제발 우리도 동네에서 같이 살아가게만 해 달라. 칼도 버리고, 숫돌도 버리고, 풀무도 버리겠다.' 하고는 겨우겨우 밖으로 나왔다. 하지만 한마디로 '못 믿겠다와 믿어 보자'로 갈려 있는 상황인 것이다.

아무리 믿어 보라고 말과 행동으로 하나하나 의심을 풀어 나가려 하지만 도무지 못 믿겠다는 데에는 약도 없고, 치료 방법도 없다. '병 중의 병이요, 불치병 중의 불치병이 의심증이다.' 의처증, 의부증은 한마디로 치료가 불가능한 고질병이다. 한쪽이 죽어 세상에 없어져 버려야 비로소 해결된다고까지 말하기도 한다.

'신뢰'라는 것이 이토록 중요한 것이다. 왜 칼을 갈고, 숨기고 있었느냐? 그렇게 만들었던 원인, 상황, 주체들은 자각과 반성은커녕 이제 새로 'CVID'라는 걸 들고나온다. 북한이라는 땅을 사람이 살지 못하게 만들어 버리지 않는 한 지켜 낼 수 없는 '조건 아닌 조건'이다. 이게 회담 성명에 명시되지 않았다고 트럼프, 김정은의 북미 회담을 '형편없는 것'으로 폄훼하기에 경쟁적으로 바쁘다.

북미회담에 적시된 '완전한 비핵화', 사실 이마저도 믿음의 한계가 없어 보인다. 현재 전 세계에는 14,550개의 핵탄두가 있다고 한다. 어떤 건 믿고, 북한은 못 믿겠다는 것도 그렇지만 세상에 '완전한' 게 과연 어디에 있을까? 세상에는 나오지 말았어야 할 단어 'CVID'라는 황당한 자구 하나에 민족의 장래를 망치게 하지는 말아야겠다. 담장을 허물지는 못 할지라도 동네 사방에 동태 형제(同胎兄弟)를 향해서 '믿을 놈 절대로 아니다.' 꼭 이렇게 해야 할까?

2018. 6. 20.

강한 자가 이기는 게 아니다
(스포츠와 선거)

15원을 주고 빨간 목단이 그려진 고무공을 하나 사서 갖고 있으면 동네의 또래들에게는 큰 권력이었다. 동네에서는 명절이 되면 돼지를 한 마리씩 잡아 그걸 여러 조각으로 서로 나누어서 제사상을 봤다. 우리들의 관심은 돼지 잡는 것보다는 '돼지 오줌보'가 더 큰 관심이었다. 이걸 풍선처럼 불어서 축구 시합을 할 수 있었기 때문이다.

농한기 농촌에서는 흔한 것이 지푸라기였다. 지푸라기로 새끼를 곱게 꽈서 둘둘 말고, 이리저리 엮어서 만든 공으로 편을 갈라 시합하는 게 다반사인 시절에 목단화 새겨진 15원짜리 고무공의 위력은 대단했다. 짚세기 공은 물에라도 한번 빠져 버리면 탄력이 전혀 없어져 버린다. 고무공은 가시 있는 탱자나무만 피하면 동네 꼬마들이 한데 어울리기에 그만한 매력도 흔치 않았다. 마치 월드컵처럼 말이다. 비록 한국은 조별 리그에서 아깝게 탈락했지만 월드컵 시즌이니 떠오른 단상이다. 동굴 속에 17일간 갇혀 있다 구출된 태국 소년들도 마침 축구팀이란다.

우리 동네에도 초등학교 축구 대표, 그중에서도 스타가 한 명 있었다. 편을 갈라도 스타가 속한 반대 팀에는 서너 명을 덤으로 얹어 줘도 게임은 항상 졌다. 혼자서 북 치고 장구 치고 다 해 버린다. 2018 러시아 월드

컵이 이제 막바지로 들어섰다. 시작 전의 관심은 온통 메시, 호날두, 네이마르, 수아레스 등 슈퍼스타들의 활약에 기대가 컸다. 그들이 속한 국가, 즉 아르헨티나, 포르투갈, 브라질, 우루과이 등은 좋은 성적이 나올 것이고, 그들의 상대 팀들은 시합 전부터 주눅이 들기에 충분하게 호들갑이었다.

아직 진행 중이지만 러시아 월드컵에서도 소위 스타가 속한 팀들이 모두 8강 이하에서 탈락해 버렸다. 전통적인 강호 이탈리아, 네덜란드, 칠레, 체코 등은 지역 예선에서 벌써 탈락해 구경꾼으로 전락해 버렸고, 독일, 폴란드는 조별 예선에서 탈락해 버렸다. 준결승 진출 4팀은 영국, 프랑스, 벨기에, 크로아티아이다. 일반인들에게는 생각나는 슈퍼스타가 위 네 팀에는 없다.

스포츠 세계를 흔히 '총성 없는 전쟁'이라고 한다. 스포츠 상업주의 그림자가 크고도 깊다.

또한 대중들이 TV 앞에서 보고 즐기는 순박한 이면에서 권력자들은 어떻게 그걸 우민화에 투영하는지는 지면상 생략한다. 보고 즐긴다는 관점에서는 오늘날 스페인 국가들이 즐기는 '투우'는 고대 스파르타 제국에서 검투사와 사자를 한 우리에 넣고 유희를 즐겼던 것과 그대로 데자뷔가 된다. 축구는 분명 팀워크 경기이지만 오늘날의 축구는 팀은 없고 스타만 기억하고, 골 넣는 선수만 기억하게 된다. 이런 팀워크 경기의 협조 협력의 소중한 가치는 인류의 존재 가치와도 상통한다. 태국 동굴 청소년 구조 작업을 보면 확연하게 더 느낄 수 있을 것이다. 그러나 대중은 스타 부재의 밋밋한 팀워크 경기를 식상해 한다. 이런 인간의 심리가 있는 한 인류가 추구하고자 하는 '보편적 가치나 공동선'은 요원할 수도 있어서 때때로 소름이 돋는 것이다.

2007년 대선에서 이명박은 48.7%를 득표하여 2위와 최대 표 차로 압도적으로 당선된다. 10년이 지난 지금 그는 감옥에 들어가 있다. 재임 당시에도 너무나 많은 실정들이 거침없이 노정(路程)되었어도 그게 유지되는 데에는 그다지 복잡하지가 않았다. 밴드왜건의 중 반복의 연속이었다. 전체를 생각할 필요가 없이 스타 1인만이 필요한 메커니즘이다. '1인이 만인을 위하는' 것은 없고, '만인이 1인만을 위한', 즉 권력에 의존해서 그 주변에서 그를 옹호함으로써 자신만을 위하면 되었다. 대표적인 사람들이 감사원 평가 26조 원의 국고 손실이 난 4대강을 찬성하여 훈포장을 탄 55명의 학자들이다. 그렇다고 이명박이 스타라는 뜻은 전혀 아니다.

2004년 노무현 탄핵 역풍 속에서 천막 당사로 출발한 박근혜 한나라당 대표는 그 이후 2016년까지 13년간 치른 각종 선거에서 백전백승, 승승장구한다. 오죽했으면 '선거의 여왕'이라고 했을까, 상대방에서는 백약이 무효했다. 그런 그녀도 지금 감옥에 있다.

삼성은 한국이 낳은 스타 기업일 수 있다. 한편으로는 국민경제의 입장이나 준법의 관점에서 본다면 전혀 반대의 기업일 수도 있다. 스포츠 스타는 끊임없이 노력해서 그 자리에 올랐고 비교적 그의 활동이 대중에 가감 없이 노출되었기 때문에 그런대로 정직하다. 존경받고 사랑받을 자격도 있다. 그럼에도 찬사와 비난에 그대로 노출된다. 그것이 운명이고 더 자연스럽다.

　거듭나는 노력은 그 자신이 확실하게 떠안아야 했고 실제가 그렇다.

　그런데 정치적 스타들은 이런 비난에 대한 인내심이나 책임에서 훨씬 무딘 것 같다. 게임의 결과에 승복하는 것도, 그에 대한 책임을 자신이 안고 가는 것도 비교 자체가 안 될 정도이다.

　스포츠나 축구에서 배울 기회이다. 쓸데없이 자신을 강하다고 자가당착 하거나, 별 노력도 없이 줍다시피 한 권력으로 혹세무민하지 말 일이다.

　그것보다 더욱 이들을 강하게 하는 것은 게임을 지켜보는 '관중', '깨어 있는 국민'들의 몫이라고 생각한다. 약한 국가를 강하게 할 수 있는 것도, 강한 국가를 더욱 강하게 하는 것도 스타나 정치인이 아니고, 국민들이기 때문이다.

　따라서 '생각하고 깨어 있는 국민이라야 나라가 산다!'

2018. 7. 11.

오병이어(五餠二魚)를 기적이라고만 할 것인가
(최저임금제)

한국의 '장자 상속 제도'가 가족법 개정으로 거의 자취를 감췄는데도 오랜 기간 지속되어 온 관습과 불문율에 따라 민법의 여러 곳에는 아직도 그 흔적들이 남아 있을 것으로 짐작된다.

또한 통계를 끌어내기에도 마땅치 않아서 짐작만 하는 것 중에는 장남과 차남, 그 이하 형제들의 최종 학력에 어떤 함수 관계가 분명 있을 것 같다. 1970년대 이후에는 경제적 여유나 교육열, 사회 분위기에 따라 커다란 변화가 있었지만 이것은 형제들의 인성이나 개성, 학습 능력과는 상관관계가 없이 장남에게 교육의 특혜가 집중되었다는 것은 어느 가정에서나 일반적이었다고 할 수 있다.

거시경제학에는 '불균형 성장론'이나 '후진국 경제론' 등이 그것이다. 경영학에서도 노동생산성이나 효율 부문에서의 '파레토의 최적'이나 '8:2의 법' 같은 유사한 이론들을 볼 수가 있고, 조직 이론에서도 수많은 동기 이론을 통해서 어떤 결과를 산출하는 데 요구되는 리더십 연구가 지금도 치열하다. 자연과학에서도 '시너지 효과' 같은 이론으로 입증되기도 한다. 위에 열거한 복잡할 것 같은 제 이론들은 하나같이 '어차피 인간은 불평등하다, 선택된 소수에 의해서 사회나 조직이 움직여지게 되어 있다.' 이에 동의하고 수긍하든지 그에 속하든지 하면서 살도록 강제하는 이론들이 그 대부분이다. 기회의 공정이라는 것은 앞으로도 한 세대가 더 지나도록 요원할 것이라는 예감은 이미 흙수저, 금수저가 고착화되는 현실이 이를 잘 반영해 준다고 하겠다.

한국에서 태어난 남자아이가 삼성가 장남으로 태어날 확률은 1/800,000이었다. 그게 이재용에게는 100%였다. '정의론'의 저자 존 롤스가 말했다. '개인의 능력은 우연하게 주어진 것이므로 그 개인이 모든 것을 소유하는 것은 사회 정의에 배치된다.' 이에 동의하지 않을 것 같은 소수에게 지금 이 글을 쓰고 있다.

요한복음 6장에 나오는 '다섯 개의 빵과 2마리 물고기(五餠二魚)'에 대한 이야기는 기독교인들뿐만 아니라 일반인들도 대체로 알고 있는 이야기이며 초자연적인 '기적'으로 알려지고 있다. 즉 '날이 저물고 외딴곳에서 예수님께서 어린아이가 가지고 있는 빵 다섯 개와 물고기 두 마리를 놓고 기도를 통해 여자와 어린이를 제외하고도 장정 5천 명에게 먹이고 열두 광주리가 남았다.'라는 4대 복음서의 기록이 그것이다. 이에 대한 해석을 어떻게 할 것이냐는 필자의 한계 밖이다.

필자는 기록 자체는 믿되, 그 적용과 해석으로는 '인간의 탐욕과 그리스도의 나눔'이라는 부제를 달고 싶다. 원리주의 입장에서는 여지가 없다. '기적을 행하셨고 이를 나누셨다.' 이론의 여지도 없고 그 일은 오직 그리스도만이 하신 것이다. 필자도 이론이 없다. 다만 그런 빈곤과 곤궁

이 인간 세상에 어디 한두 가지던가, 왜 어린아이가 등장했으며, 가장 먼저 자기 음식을 내놓는 순진한 아이가 그런 음식을 갖고 있을 때 나머지 사람들에게는 아무것도 없었겠는가. 다만 감추고 있다가 어느 순간에 감동 감화되어 밖으로 내어 놓은 차이라는 것이다.

기적으로만 해석해 버리기에는 너무나 아까운 '그리스도의 참사랑'을 생각해 보자는 것이다.

본국에서는 '최저임금' 문제가 요란하다. 제대로 된 나라라면 진작부터 국가가 고민할 제1의 정책이어야 했다. 특히 보수정권이라면 통일보다도 더 우선했어야 할 최우선 정책이었어야 한다. 먹고사는 문제가 최고의 안보이기 때문이다. 똑똑한 아들 하나만 제대로 잘 길러 놓으면 나머지 자식들은 저절로 그가 돌볼 것이다? 이는 순진한 부모 생각일 뿐이라는 것을 이제는 다 안다.

나라의 재정을 경쟁력 있는 대기업에 집중 투자해서 수출 늘리면 나라 경제가 좋아지고 그 혜택이 자연스럽게 아래로 내려갈 것이다? 소위 '낙수 효과'라고 한다. 천만의 말씀이다. 물이 떨어지지 않도록 그릇을 계속 큰 것으로 늘려 간다. 심지어 세금까지도 안 내놓고 있으니 보고 계시는 예수님이나, 대통령이나 목마른 백성들을 보기에 안타깝고, 자괴감이 들 것이다.

물이 언제나 떨어지나 하늘만 쳐다보다가 우선 살아야 하니 지하수라도 퍼 올려서 나눠 마시자, 우물을 파 놓은 사람이 양동이 들고 있는 사람들 줄 세우고, 양동이 들고 있는 사람 앞에서 주전자와 컵 들고 있는 사람들끼리 컵이 크니, 작으니 다투고 있는 형상이다.

비슷하기는 세월호 유가족들의 고통이 정녕 남의 일이 아닐 진데 함께하기는커녕 가슴을 후벼 파는 일들을 피차간 비슷한 불쌍한 사람들이 저질렀다.

이게 딱히 한국만의 문제만은 아니다. 그래서 그리스도의 자비와 나눔, 사랑이 필요한 것이다.

하나님이야 기적(?)을 베풀고 나면 사람들이 알아서들 각자 할 일이겠지만, 이 나라 대통령은 생각대로 공약대로 하지 못하는 걸 사과해야만 했다. 이미 클 대로 큰 그릇을 갖고 있는 자들이 그 탐욕(그릇)을 줄인다거나 세금을 더 많이 내겠다는 오병이어의 어린아이가 될 가망이 당장에는 없어 보였을 수 있기 때문이고, 요모조모로 그릇을 떠받치고 매달려 있는 자들의 '손아귀'가 상상 이상이라는 것이다.

주여! 사람 사는 세상에서 더불어 살고 싶습니다.

2018. 7. 18.

노회찬의 죽음, 한명숙의 삶

지난 7월 23일이었으니까 노회찬 의원이 사망한 지 채 한 달도 지나지 않았다. 한 인간의 삶은 죽음으로써 일단락이 된다. 죽는 순간부터는 망자는 생전의 어떤 상황도 되돌릴 수가 없다. 필자의 이런 잡문(雜文)도 어느 순간이면 끝난다. 사람은 같이 태어나서 같이 죽는 경우는 거의 없다. 거의 모든 사람은 삶의 경로와 그 길이가 각각이다. 살다 보니 삶의 장단이 큰 의미가 없어 보일 때도 있다. 우주의 역사에 비해 보면 그야말로 '찰나'인 것이다. 세상에는 최장수 기록이 매년 갱신되기도 하지만 그가 누군지 아는 이는 가족들 외에는 거의 없다. 대신에 33년간 세상을 다녀간 그리스도는 수많은 사람들이 알고 있다. 따라서 한쪽에서는 비웃을지 모르지만 '인생은 길고 짧음이 중요하지가 않고, 어떻게 살았느냐가 더 중요한 것이다.

스스로 세상을 등진 고 노회찬 전 의원을 마음속으로 추모한다. 2009년 고 노무현 전 대통령의 죽음에 대해서 지금도 일부에서는 저주를 퍼붓고 있다. 하도 심란해서 마음을 추스르는 데 시간이 필요했을 뿐, 시간이 지날수록 적어도 필자 같은 사람들에게는 그분들의 삶이 더욱 크게 느껴진다.

또 다른 죽음도 있었다. 2015년 전 경남기업 회장이던 성완종이 뇌물을 준 박근혜 정부의 고위직 8명의 명단을 남기고 자살을 한다. 죽은 자는 말이 없고, 단 한 명도 처벌받지 않았다. 그중에서 김기춘, 홍준표의 명단이 눈에 띈다. 알다시피 법비(法匪) 김기춘의 삶은 비루하기가 이를 데 없다. 홍준표는 노회찬 의원의 죽음에 대해서 '자살을 미화하지 마라. 죄를 지었으면 벌을 받아야 한다.'라고 했다. 그가 할 수 있는 말인지는 적어도 필자에게는 아직도 의문의 여지가 아주 많다.

지금도 진행 중인 양승태 대법원장 시절의 각종 재판에 대한 의혹은 이제 시작에 불과하며, 제대로 밝혀진다면 대한민국의 사법부의 신뢰와, 삼권분립, 법관의 양심을 바로잡는 일대 기회가 될 만큼 사법 역사상 전무후무한 '최악의 사법 파동'이 드러나고 있는 중이다. 법과 도덕은 산 자와 죽은 자의 경계도 없지만, 이 땅에 계속 살아야 할 아직 태어나지 않는 후대들의 인생까지도 지배하는 것이어서 그 의미가 준엄하다.

그중에는 한명숙 전 총리가 있다. 처음에 돈을 받았다는 혐의로 재판을 받게 되는데 그 유명한 '의자가 돈을 받았다.'라는 건으로 무죄가 확정되자, 검찰은 또 다른 건으로 기소를 하고, 그것도 1심 무죄, 2심에서의 황당한 유죄, 대법원까지 가서 유죄를 확정하는 동안 '한 인간으로서 어디까지 인내해야만 했는가?' 그 사건에 대한 대법원 재판 관여 내용들이 이제 서서히 밝혀지고 있다. '살아서 싸우겠다.'라는 천금보다 무겁고 값지며, 죽음보다 더 비장함과 결연함이 시대를 넘어 숙연케 한다.

다소 감상적이겠으나 사람은 '머리로 사는 사람'들과 '가슴으로 사는 사람'들이 있다고 한다. 생물학적으로야 머리와 가슴이 각각일 수가 없겠으나 이런 끔찍한 죽음과 삶을 보면 어느 정도 수긍이 간다. 그것은 자기중심적인가, 사회중심적인가의 차이로 보이기도 한다. 두 그룹 간에는 시간이 지날수록 서로에 대해서 이해하기보다는 서로를 향해 바보이거나 미쳤다고까지 생각한다.

머리로 세상을 사는 사람들의 두드러진 특징은 '돈과 지위, 권력'에 생의 목표와 관심이 집중되는 특징이 있다. 누구나 그런 관심과 욕심이 없을까만 가슴으로 사는 사람들은 이게 도덕, 양심과 충돌하면 법 이전에 대게는 스스로 양보, 포기하는 선택을 하여 자기희생으로 전체와 조화를 모색하지만 머리로 사는 사람들은 그것만이 삶의 최후의 목표이고 보람이자 가치인 듯 순간의 모면에 몰두한다. 이를 위해서는 수오지심(羞惡之心)마저 없다. 남보다 열심히 일했고, 남보다 더 열심히 공부했으니 돈과 지위, 권력을 누리는 것은 너무나 당연하다는 철석같은 믿음의 뿌리가 굳건하다.

주변과 사회를 둘러본다는 것은 시간 낭비이자 사치라고 생각하기도 하고, 패배적 감상주의자나 열등자, 마이너리티들이나 하는 짓으로 본다. 그래서 머리들은 가끔씩 가슴들이 돈이나 권력을 갖고 있다는 게 지극히 부자연스럽고 세상이 뒤집힌 걸로 받아들인다. 돈 대신에 이슬만 먹고 살라고 하면서 조금이라도 돈과 가까이 있으면 '위선'이라고 몰아붙인다. 가슴들은 이런 머리들의 공격을 감당하기에는 너무나 여리다. 영악하지도 못하다. 그냥 주저앉아 버리는 것이다. 이를 '도덕적 결벽증'

이라고 부르기도 한다. 그러지 말자고 이 글을 쓴다.

  무한 경쟁의 신자본주의 거센 추세도 알고 보면 아주 계산적인 소수
의 머리들이 수많은 가슴들을 아픔과 고통 속으로 밀어 넣고 있는 것이
다. 이런 추세나 현상은 국가사회나 인류를 매우 비관하게 만들어 버린
다. 그래서 더디겠지만 '가슴으로 사는 사람들의 세상'으로 나아가야 하
는 것은 당위이다.
  한국의 촛불과 문재인 정부 출범 후 상황들이 그런 진전의 전형을 보
여 주려 하고 있다고 본다. 그래서 그런 '소망이 되는 분들'의 삶은 아무
리 닥친 현실이 어렵더라도 바라보는 수많은 가슴들이 있다는 것을 결
코 잊어서는 안 될 것이다. 그런 가운데 불과 한 달 차이를 두고 워싱턴
을 다녀간 두 사람의 삶과 죽음을 대하는 필자의 소회는 매우 혼돈스럽
고도 안타까운 마음이다.

  '노회찬의 길'보다는 '한명숙의 길'로 나아가길 간절히 바라는 마음인
것이다.

2018. 8. 19.

총리 퇴임 후 비례대표 의원 시절에 국회의원 의원실에서 한명숙 전 총리와 함께

스스로 지는 짐은 결코 무겁지 않다

(양승태와 박보영 판사)

엊그제 신문에 눈에 확 띄는 조그만 사진 한 장이 있었다. 1924년생이 니까 94세인 39대 지미 카터 미국 대통령이 부인과 함께 집 짓기 봉사를 하는 사진이 그것이다. 그 사진은 수많은 함의(含意)를 보여 주고 있다. 고령임에도 '땅콩 농부'의 스토리텔링을 그대로 지속하고 있고, 정치인 들에게 흔한 '정치 쇼'로 보이지 않는다는 점이 시선을 잡았다. 변화 많은 세상에서 그 나름의 내공을 지속한다는 것은 '제스처나 쇼'일 거라는 입 주름의 위험도 따르지만 진정성이 바탕을 이루면 격조가 한층 달라지는 것이다.

나라에는 국격이 있고, 사람에게는 인격이 있다. 한국 근대사에서 '인 격자'로 회자되는 분 중에 빠질 수 없는 분이 도산 안창호 선생이다. 미 주에서 독립운동을 할 때 '대한인국민회'를 조직하였지만 뒤늦게 합류한 이승만에게 단합과 단결을 위해 실권을 양보한다. 상해 임시정부 수립 에서도 가장 핵심적 역할을 하였지만 소위 '생색내는 자리'는 끝내 고사 한다. 하도 자리싸움을 하는 걸 보고 스스로 국무총리에서 노동국 총판 자리로 물러나기도 했다. 당시로서는 상상을 뛰어넘고 흉내조차 힘들었 던 시기였다. 지나 놓고 보니 대인격자(大人格子)였다.

자산 가치만 수백 억이 넘는다는 서울의 한 대형 교회 목사가 그 교회가 만든 원칙을 자의적으로 변경해서 아들 목사에게 담임 목사직을 승계해 준 일로 세상이 떠들썩해도 시간이 지나면서 잠잠해지려고 한다. 그런 반면에 은퇴 후에도 선교로 헌신하는 원로 목사님들과 척박한 개척 교회를 새로 시작하는 경우들을 종종 본다. '너는 흙에서 나왔으니 흙으로 돌아갈 것이다. 그때까지 너는 얼굴에 땀을 흘려야 낟알을 먹을 수 있을 것이다.'라는 성경적 삶을 몸소 마지막까지 실천하는 일로 생각한다.

그런 반면에 교육감을 하고 은퇴한 분이 초등학교 교사를 자청했다는 것은 제도적인 문제 이전에 들어 본 일이 거의 없다. 징벌적 의미로 쓰이는 '백의종군'이라는 말이 있다. 삭탈관직하고 장수 제복인 철릭 없이 속에 입던 흰옷만 입고 근무하게 했던 데에서 비롯된 말을 정치인들이 너무나 흔하게 갖다 붙여서 무슨 성(?)스러운 낱말로 둔갑시켜 버린 말이다. 나라를 지키는 일에 계급과 지위가 그렇게 중요할까만 진정으로 나라와 국방 제도 개선을 위하는 일이라면 단기라도 사병 근무를 자청하는 일도 충분히 있을 법하다. 그럼에도 장성이 사병으로 복무했다는 이야기는 건군 이래 들어 본 일이 없다. 제대한 지 수십 년 후까지도 계급장을 떼 놓지 않으려는 모습이 어찌 보면 안쓰럽기까지도 하다. 아주 조그만 한인 단체만 맡아도 회장 때만 열심히 한 뒤 '내 고생 대신해 봐라.'라는 듯이 후임에게서 전관예우(?) 받으려는 일이 아주 비일비재하다.

경제가 나라의 피고 살이라고 한다면 양심과 도덕은 근육이오, 나라의 뼈대는 '법'이라고 생각한다. 양승태 대법원 시절의 사법부는 굴절과

훼절로 나라의 근간을 흔들어 버렸다. 사법부 역사에서 보자면 꿈속에라도 있어서는 안 되는 황당무계한 일들이 벌어지고 있었다. 그 사법 농단을 밝혀내기 위하여 2018년 8월 말 현재까지 수사를 하겠다고 검찰이 제출한 사법부에 대한 영장이 단 11.1%인 23건만(총 208건 청구) 발부되었다. 그것도 사법 농단의 진원인 법원 행정처에 대한 영장은 단 한 건도 영장이 발부되지 않고 있다. '우리는 심판할 뿐 심판받지 않겠다.'라는 듯 교만과 전횡의 극치를 보여 주고 있다. 양승태로부터 임명을 받은 3명의 영장 전담 판사에 의해서 대한민국 3천여 명의 각급 판사를 포함 사법부 전체가 쑥대밭이 되고 있는데도 세상은 너무나 평온해 보이기까지 한다.

박보영이라는 여성 판사가 있다. 2012년 1월 양승태의 추천에 의해서 대법관에 임명되어 6년의 임기를 마치고, 2018년 1월 1일 대법관에서 퇴임하였다. 대법관 재임 시절에도 그동안 사각지대에 있던 가사 분쟁과 여성 문제에 있어서 최고의 권위자로서 숱한 일화를 남겼다. 사실 그런 일들도 퇴임 후의 그녀의 색다른 진로를 통해서야 알게 되었다. 대법관은 사법계에서는 가장 영예로운 자리이다. 그 임명도 쉽지 않다. 기관의 수장이 아닌데도 국회 청문 절차까지 거쳐야 임명되는 자리이다. 그만한 지위가 아니고 일선 검사로만 퇴직을 해도 '전관예우'를 기웃하는 게 당연한 사회이다. 경험을 사장시키지 않고 살려서 사회를 보다 안정되게 이끌 수 있다는 긍정적 측면보다는 질서와 공정성을 해치는 대표적인 게 '전관예우'의 폐해이다.

대법원은 본인의 의사를 반영하여 박 전 대법관을 원로 판사로 임명하고 광주지법 순천지원 여수지법 1심 소액 전담 판사로 전보하였다. 대법관급 최고위 인사가 대학, 로펌, 변호사를 선택하지 않고 시군법원 판사로 법복을 입은 첫 사례라고 한다. 물론 양승태 시절 전원 합의체 심판 중의 한 사람으로서의 업보가 지워질 수는 없는 것이지만 떨어질 대로 추락한 사법부에 조그만 빛줄기를 보는 것 같다.

　　경영학 연구에는 '시켜서 하는 일', '해야 할 일', '스스로 하는 일'에 대한 다양한 연구 결과들이 있다. 'A willing burden is no burden.'(스스로 지는 짐은 무겁지 않다.) 이런 일일수록 말 없는 극혐(極嫌)의 비아냥이 있게 마련이다. '쟤는 왜 시키지도 않는 일을 스스로 하지?'
　　그러나 아주 조그만 '변화의 방법'이 '수많은 핑계'들을 넘어서야만 비로소 국격도 바뀐다. 한국도 그런 시대에 진입하고 있다는 시그널로 보인다.

2018. 9. 5.

대한제국 공사관은 왜 그의 죽음에 침묵했었는가?

(한국인 최초 미 대학 졸업생 변수(邊燧))

1882년 5월 22일 조선과 미국은 조미수호통상조약을 맺었다. 지금부터 136년 전의 일이다. 1889년에는 공사관을 매입해서 16년간 쓰다가 일제강점기에 일본에 의해 강제 매각되었던 걸 2012년 문화재청이 재매입해서 6년간 복원 공사를 마치고 지난 5월 22일에 재개관하였다.

'1891년 10월 23일 조선의 귀족 한 명이 워싱턴 근교 매릴랜드 벨츠빌에서 열차 사고로 사망하였다.' 당시 미국의 3대 일간지가 크게 보도한 내용이다. 그의 이름은 변수(邊邃), 직업은 연방 농무부 정직을 앞둔 임시직 공무원이고, 한국인 최초의 미국 대학 졸업자였다. 이 사고 소식이 대한제국 공사관에 통보되었으나 '아는 바 없음'이라는 통보를 받는다. 그의 시신은 미국인 친구 가족들에 의해서 친구 가족묘에 안장된다. 2002년, 죽은 지 111년 만에 이 무덤의 존재가 한인 사회에 최초로 알려진다. 필자가 늘 지나던 길목에 그의 무덤이 있었다.

지금부터 6년 전인 2012년 11월 2일 매릴랜드 대학의 한 강의실에서는 비록 소수의 관계자들만 모인 가운데 의미 깊은 '유물 전달식'이 있었다. 한인 최초의 미국 대학 졸업생 '변수 선생'의 졸업장이 그것이었다. 그의 문중 후손의 노력으로 120년 만에 모교인 매릴랜드 대학으로 되돌아왔다. 이는 해당 대학 전체를 통틀어서도 가장 오래된 졸업장이다. 그의 매릴랜드 농과 대학 졸업은 1891년이고, 그해에 그가 죽었다. 최초 미주 한인 이민 역사를 1903년으로 보니까 그보다 거의 20여 년을 빠르게 미국에 건너온 그가 어떤 역정을 거쳤을까, 그와 비견되는 근대 인물 중 김옥균에 비해 10살이 아래이고, 서재필 보다 3세, 이승만에 비해서는 14세가 위다. 그에 대한 연구와 재조명은 근대 한국 인물 역사는 물론 현재 미국에 살고 있는 전체 한인 커뮤니티의 정체성과도 연관이 지대하다.

일단, 그의 소사(小史)를 살펴보자. 1861년 당시 역관 집안의 자제로 경제적으로 부유한 집안에서 태어났다. 그가 20세가 되는 전후로 조선은 격변을 겪는다. 미국은 그에게 남다른 인연이 있었다. 1883년 보빙사 사절단의 일원이 되어 미국의 주요 도시를 시찰한다. 당시 미국은 남북전쟁 이후 광활한 영토를 바탕으로 급속도로 국력이 팽창하고 있어서 본격적으로 세계의 중심 국가로 자리 잡고 있는 중이었다. 유럽까지 둘러본 그는 후진 조국의 미래에 대한 남다른 '숙고와 도전'을 가슴에 품고 귀국한다.

그의 귀국과 맞물려 조선은 1882년 임오군란으로 청나라에 의지하고, 그 반동으로 1884년에는 갑신정변이 나지만 이때는 일본을 끌어들인다. 저물어 가는 쇠락 왕조 주변에서 엘리트 그룹들은 우왕좌왕했고 왕실의 부패가 맞물려 한 치 앞이 안 보이는 상황이었다. 서구 문물을 일찍이 접했고, 언어에 능통했던 그가 격랑의 한가운데 서게 되는 것은 어쩌면 숙명이었다. 그는 약관에 김옥균 등의 급진 개화파의 일원으로 갑신혁명의 대열에 서고, 혁명의 실패로 인하여 인천항에서 일본으로, 그리고 1

년 후에는 미국으로 건너간다.

현재까지 밝혀진 바에만 의하면 그 동양 유학생을 위해 매릴랜드 대학은 캠퍼스의 가장 요지에 그의 이름으로 '변수룸'을 만들고 그의 대형 사진을 걸어 놓았으며, 언제 세웠는지조차 모르게 가장 번화한 캠퍼스 타운 4거리에 그의 사진과 함께 길 팻말을 세워 기리고 있다. 아주 보기 드문 케이스이다.

요즈음 같으면 나라에서 국비로 유학을 보냈을 법도 한데 밝혔다시피 피신하는 와중에도 고국의 경제 부흥을 꿈꾸고 매진했던 그의 흔적은 현재까지의 밝혀진 자료만으로도 그 규명이 어렵지 않아 보인다.

따라서 '한국인 최초의 미국 대학 졸업생'이라는 너무나 단순한 수식어는 빙산의 일부에 지나지 않을 뿐이다. 왕정에서 공화정으로, 공화정에서 제국주의 침탈 과정, 그가 이루려던 조국의 산업혁명, 그의 학창과 미 주류 사회로의 진출 등 그 숱한 과제와 사명이 나이 30세에 만리타향에서 객사(?)함으로써 국가적으로 그 손실이 너무나 컸다.

과정보다는 결과 중심의 그릇된 근현대 한국 역사 교육 때문에 꼭 뭔가를 이루고, 남겼어야 평가하는 조급증이 벌써부터 걱정된다.

그는 정통 양반 출신이 아니었다. 이는 현대사회에서는 얼마든지 해석의 여지가 많은 부분이다. 그는 개화파 중에서도 중도보다는 개혁적이었다. 그럴 수밖에 없었다고 할 수도 있겠지만 그 선택과 운명에서 교훈적 요소가 지대하다. 마지막으로 그의 사후 3년 뒤에 김옥균이 상해에서 암살된다. 성급할 필요는 없겠지만 엊그제 관계자 몇 분들과 그의 사고에 대해서 보존된 현장만 무심하게 보고 되돌아왔다. 당시 재미 한국인이라고 하는 자체가 전무하다시피 하던 시절에 대한제국 공사관은 왜 그를 외면했을까? 앞으로 지면이 주어진다면 좀 더 진행해 보고 싶다.

2018. 9. 25.

공사 접견실을 재현해 놓은 모습, 박정양 초대 공사의 사진이 보인다

1889년 당시의 태극기가 공사관 내부에 걸린 모습

서울 법대가 육사에 무릎 꿇은 날
(김기춘, 양승태)

인간관계에 있어서는 혈연, 지연, 학연, 종교에 막연히 자신을 맡기지 말라는 게 필자의 생각이다. 무작정 지지하고 따라가다가 누구에게 하소연도 못 하고 스스로 민망해져 버리는 일들이 많기 때문이다. 가령 현역인 특정 명사가 있다. 맡은 바를 잘하니까 후원하고 지지하고 또 개인적 관계를 과시할 수는 있다고 본다. 또한 자신과 종씨가 같고, 종교, 고향, 학교가 같다는 이유만으로 자신을 그와 동일시하고자 하는 마음도 어느 정도 이해하려 한다. 이는 미국 사회에서도 여전히 통하고 있고 일부러 상피(相避)해야 할 이유까지는 아니다. 자기 자신의 운명조차도 불투명한데 어떻게 정치 사회적 명사들의 부침과 평가까지를 염두에 둘 수가 있겠는가. 그래서 드리고 싶은 결론은 평소에 그 사람의 글이나 말들을 유심히 살펴보면 어느 정도 그들의 가치관이 공익에 걸맞고 기대치에 부응할 것인지 예측이 가능해진다는 것이다.

전직 대통령 두 명이 동시에 감옥에 들어간 사이 한국은 남북 관계는 물론 세계 외교의 중심 국가로 급변하고 있다. 불과 2년 전과 비교하면 격세지감이다. 그럼에도 불구하고 이러한 변화를 가장 극렬하게 반대하는 집단이 그것도 한국 사회 내에 온존하고 있다는 것은 아이러니하다.

이의 해결을 위하고 화합하기 위해서는 앞으로도 상당 기간이 더 필요할 걸로 생각된다. 한국 사회가 이렇게까지 일그러져 버리고 그 복구가 힘든 이유가 어디에 있는지, 수많은 요인들이 복합되어 있게 마련이다. 필자는 오늘 전혀 엉뚱한 생각을 해 봤다. 그 많을 것 같은 이유들 중에서 가장 중요한 터닝 포인트(Turning point)가 무엇인가, 만약 그 시점에서 역사의 물줄기를 바로잡을 수도 있었던 사건과 사람들이 있다면 그들이 누구였을까 생각해 봤다. 줄이고 줄이다 보니 '서울 법대가 육사에 무릎 꿇어 버린 일'이라는 생각을 감히 해 본다.

'아! 서울대학교.' 한국 학부모 최고의 로망이고, 이는 99%의 학생들에게는 '불가능의 영역'이었다. 서울대학교에 입학하는 그들은 아무리 늦어도 13살 중학교 1학년 때부터 여러 방면에서 타 학생들과는 달라도 너무 달랐다. 그때로부터 그들의 내면세계는 이미 각각의 '제왕'이 자리해 있었고, 가정과 학교에서 그들의 행동에 시비할 사람들이 거의 없었다. 합격하게 되면 동네, 심지어 군청 앞에도 현수막이 붙는다. 그들 중에서도 '서울 법대'라고 하면 어땠을지 상상이 어렵지 않다.

1980년 기준 65만 고등학교 졸업생 중에서 서울대 입학 확률은 500명 중 1명, 그중 인문계 고교생이 서울 법대에 입학할 확률은 2천 명 중 1명이었다. 물론 의대나 자연 계열도 있겠지만 유독 그들에게 인간과 생명에 대한 차원 높은 사유(思惟)와 기대를 걸었던 것은 법(法)이라는 것이 소위 문사철(文, 史, 哲)의 종합 학문이며, 한국 지성의 총아로서 자타가 그들을 꼽는 데 주저하지 않기 때문이다. 그에 따른 책임과 현주소를 보자면 이들이 과연 한국 사회를 어디로 흘러가게 만들어 버렸는지가 보다 확연해진다. 1990년 당시 신임 검사의 49%, 신임 판사의 61%가 서울 법대 출신이었다. 근래에 점차 줄어들고는 있지만 전체 법조인, 특히나 현직 고위 법조인의 구성이 어떻겠는가를 단적으로 볼 수 있는 대목이다. 심지어 2011년에는 대법관 14명 중 13명이 그들이었다.

필자가 학창 때 공부했던 법학 관련 서적의 저자, 특히 헌법학에서는 서울 법대 교수의 책 이외에는 들여다볼 생각조차 못 했다. 그들에 의해 '유신헌법'까지도 만들어졌다.

한편으로 미국에 살다 보니 미국인들이 군인들을 얼마나 우대하고 위하는지 모른다. 거의 모든 분야를 망라해서 그들의 희생과 애국을 선양하는 걸 보면서 경우는 다르겠지만 한국도 이를 본받아야 마땅할 것이 많다. 육사 출신들이라고 모두 그런 것도 아니고, 열 번 백 번 양보해서 누란의 위기에서 '구국의 결단'을 했다고 치더라도, 나라의 어느 한 곳만 제대로 작동되고 있었다면 기울었던 나라의 기강이 평형을 이루었을 법도 하다.

그게 바로 '사법부'라는 것이고, 그 사법부를 이루고 있는 최상부의 절대 학연이 '서울 법대'인 것이다. 그들이 어떻게 군사정권에 기여를 하게 되었는가 하는 것은 일제강점기에 친일파들의 행동에 절대 뒤지지 않는다. 해방이 되고 나서도 한동안 '사법부의 독립과 재판의 독립성'은 한 치의 양보나 타협이 없었다고 전해진다. 혼란기와 한국전쟁의 와중에도 9년 3개월간 대법원장으로 지냈던 가인(街人) 김병로의 역할이었다는 데 이의가 별로 없다.

군사정권이 들어선 뒤에도 역시 한동안은 사법부의 신뢰가 국민들에게 유지되었다. 시점을 구태여 짚어 보자면 유신 때부터 출발한 법조인들로 인하여 한국의 헌법과 사법부가 막장의 길로 접어들기 시작했고, 그 중심에 김기춘, 양승태가 있었다. 그들의 천인공노할 죄악상이 연일 밝혀지는 것과 비례해서 그들이 길러 낸 법비(法匪)들에 의해 마지막 저항(?)이 참으로 가열 차서 기가 막힌다. 오죽하면 사상 초유의 법관 탄핵 법안이 발의될 것 같다. 사회로부터 그토록 신망을 받았으면 목숨처럼 그 명예와 기개를 지켜 내지는 못할망정, 이 무슨 망신인가, 스스로 무너지는 게 어디 그들뿐이겠는가만 그동안 우러르고 박수 쳤던 손바닥이 허전하기만 하다.

　　건강한 한국의 재건은 이미 그들 몫이 아니다.

2018. 10. 10.

방안퉁수들

(현대, 대우, 삼성)

'방안퉁수'라는 말이 있다. 혹시나 해서 찾아보니 정말로 있다. 전라도 담양은 대나무로 유명해서인지 퉁소(洞簫)라는 대나무 악기를 만들어서 '퉁수'라고 불렀다. 그래서 방안퉁수는 방 안에서 퉁소를 불고 있는 형상으로 '집 안에서만 큰소리치는 사람'을 일컫는 말이다. 물론 밖에 나가지 않아 시야가 좁고 편협한 사람을 말하기도 한다.

한국에 있을 때 미국 육아 교육에 대해 짧게 읽은 적이 있었는데 실제로 미국에 와서 유심히 보니 어린아이가 고개를 세울 정도만 되면 아이가 바깥을 향하도록 하고 아이를 항상 앞세우며 엄마는 뒤따른다. 한국의 경우도 많이 달라지긴 했지만 아이를 등에 업든지 보듬든지 간에 한국의 아이들은 엄마를 바라보게 한다. 그래서였을까….

'세계는 넓고 할 일은 많다.' '밖에서 벌어서 안을 살찌게 한다.' 생경하지 않는 이 구호는 1980년대 대우와 현대그룹의 기업 정신을 표현한 말이다. 나라가 기업 정신을 따라가지 못했든지 무모했든지 대우는 몰락해 버렸고, 현대도 크게 무릎을 꿇었다. 90년대 초까지 외형 3위였던 삼성은 어부지리로 1등이 된다. 대우, 현대가 바깥을 향하고 있을 때 삼성은 상대적으로 허약한 국내 중견 그룹들과의 경쟁에 주력한 듯했다. 일본의 기업들이 그랬다. 내수 기반 없이 밖으로 나가는 것을 극도로 꺼렸다. 안전 추구형과 공격 도전형이라는 기업 문화의 개념으로 본다면 탓할 일은 아니다. 그렇지만 선도 기업의 지향점은 분명히 밖이어야 맞다. 기업 내부로 들어가면 이를 더욱 구체화시켜서 학습하게 한다. 만약 사내 2등이 1등을 쫓아가지 않고 3등 이하를 상대하는 순간 1등도 게을러지게 되고, 3등 이하는 혼란스럽게 된다. 기업 전체의 추동력이 급감하게 된다. 순진한 대우와 현대는 기업 내부적인 전술을 기업 외부 전략에도 그대로 솔선 적용했던 것이다.

개인적 성향과 기업 경영의 스타일은 나라와 국민성과도 상관관계가 있는 듯하다.

그런 점에서 이미 역사학계의 정설이 되어 있는 '통일신라'의 역사 또한 축소 통일이다. 신라 입장에서야 통일이고 지배 범위가 넓어졌다고는 하지만 민족적으로 보면 자랑할 일까지는 못 된다. 오히려 부끄러워해야 할 일이다. 전형적인 방안퉁수다. 혹자는 승리의 역사나 생존이라는 현실적 관점에서는 이런 이상론에 대해서 아마추어리즘으로 폄훼할 것은 당연하다.

그렇지만 교육의 성취 단계마다 그 목표가 달라져야 하듯이 구성원과 리더 모두가 오로지 살아남기 위해서 내부의 경쟁에만 몰두하게 된다면 어떻게 되겠는가, 그런 점에서 삼국 통일 이후 후고구려 궁예와 고려 태조 왕건이 고구려 지역 출신이었다는 점은 오늘날의 국경이 통일 신라 때보다는 훨씬 북쪽인 압록강, 두만강까지 이르게 했던 것이다.

기업이나 단체, 정당, 국가에 있어서 내부 경쟁을 그 최종 목표로 하는 리더는 대체로 그 울타리 너머의 세상에는 관심조차도 없다. 군이 외부의 적을 경계해야지 국내 정치를 기웃거린다거나 경선과 선거를 구분 못 하는 정치인들, 그런 리더가 존재하는 그룹의 내부 불화는 필연적이다. 이 또한 방안퉁수다. 나라의 각양 각층에 이런 방안퉁수 문화가 너절하다. 이제 국민들의 의식 수준은 리더들을 평가하고 선택할 때 '누가 방안퉁수형인가?'의 여부가 그 판단 기준이 될 정도다. 국민들은 이미 정치인들의 상상 범위 이상에 와 있다.

문재인 정부가 출범한 지 1년 반이 흘렀다. 그동안 대통령의 고유 분야여서 누구도 대신할 수 없는 외교 안보, 남북문제는 취임 전의 기대와 상상을 뛰어넘고 있다. 그 속도와 성과적 측면에서는 분단 70여 년을 단숨에 넘어 버렸고, 앞으로도 헤쳐 나가야 할 어려움이 산적해 있다. 오히려 국내의 방안퉁수들의 간단없는 방해와 훼방 또한 거의 역사적일 정도로 거세다.

분단이 가져다준 앙시앙레짐(Ancien regime)을 국민들은 청산해야 할 '적폐(積弊)'로 규정했지만 '정치 보복'이라면서 항거(?)하고 있다. 국민들의 화두는 '민족과 국가'가 초점인데, 이들은 '정치'에 머물러 있다. 평생을 단문(單文)에만 길들여진 그분들에게 두 마디만 물어보면 뭐라고 답할까,

'통일을 원하십니까?'

'전쟁을 좋아하나요?'

그다음을 생각해 보지 않았던 문제라서 답하기가 무척 어려울 것 같다. 방안퉁수들이 그렇다.

2018. 11. 2.

땡전뉴스, 문모닝, 그리고…
(이재명과 한국 언론)

지금도 '9시 뉴스'는 뉴스 중의 뉴스다. 기자나 아나운서들의 세계에 있어서 9시 뉴스 진행은 필생의 꿈이다. 어떤 방송사는 시청률 경쟁을 피하기 위해서 메인 뉴스를 8시에 진행하는 경우까지 생겼다. 그만큼 뉴스 방송의 백미 중의 백미가 9시 뉴스다. 지금의 스마트폰보다 훨씬 집중도가 높던 시절, 식구들이 밥상을 물리고 모두 모여 있을 저녁 9시, '딩동댕' 하고 시보가 울리자마자 앵커의 첫 음성이 '전두환 대통령은 오늘…'로 시작한다고 해서 붙여진 것이 바로 '땡전뉴스'이다. 땡전뉴스의 원조는 '땡박뉴스'였다.

과거 70년대 신문들을 유심히 보자면 신문의 왼쪽 상단에는 어느 신문이건 박정희 전 대통령의 활동사진들이 거의 매일 게재되어 있다. 여지가 없었다. 10여 년 전에 워싱턴에 모 인사와 이야기를 나누다가 경기신문(경인일보 전신) 사장을 했다는 분과 만난 적이 있다. 초면에 누가 말릴 틈도 없이 개인적인 울분과 탄식을 쏟아 내면서 통분해 하는 것이다. 유신 시절 자신이 발행한 신문에 박정희 전 대통령의 청와대 동정 사진 해설 기사를 식자공이 잘못하여 '통'자를 하나 빠트려 버린 일로 중앙정보부에 끌려가서 몇 날 며칠을 두들겨 맞고 신문사를 빼앗겼다는 말씀이다. 어디선가 들은 적이 있었는데 그 당사자를 만난 것이다. 내버려 뒀더라도 관심 있게 보지 않았을 수도 있고, 충분히 묻혀 버렸을 수도 있는 일이었다. 그러나 그냥 지나치지 않았다. 타 언론에 대한 전시 효과, 본때를 보여 주기 위한 일이라고 해야 더 맞을 유신 시대 언론 탄압사가 되어 버린 것이다.

벌써 까마득할지 모르겠지만,

2014년 겨울부터 자고 나면 문재인 후보, 문재인 대표, 문재인 사퇴 등 아침부터 신문과 방송들이 온통 '문재인'으로 하루를 시작한다 해서 생겨난 말이 '문모닝'이다. 거의 2년여 이상을 한 사람에 대해서 집요할 정도로 다루었다. 당선이 되고 나서야 어느 정도 수그러들었지만 알다시피 그 대부분은 네거티브였다. 이처럼 땡전뉴스와 정반대적인 한국 언론의 모습이 문모닝이었다. 그런데도 시민들은 흔들리지 않았고, 촛불 정부를 탄생시켰다. 시대와 여론, 국민과 역사를 거스르는 한국 언론의 모습을 극명하게 보여 주었던 일이다.

이재명 경기지사에 대한 언론들의 추적은 상당히 오래전부터 시작되었던 듯하다. 그가 2010년 성남 시장에 당선되고 나서부터는 본격적이 되었다. 상급 기관인 경기도 및 정부의 정책에 반하거나 훨씬 앞질러 가는 파격적인 시정으로 서서히 눈에 띄기 시작하였다. 야당 정치인들도 섣불리 하기 힘든 일들을 기초 자치 단체의 일개 시장이 대정부와의 정책적 대립, 국정원 등과도 굽히지 않고 치열한 법리를 세워 나가는가 하면 세월호, 촛불 정국 등 전국적 이슈까지 본인의 소신을 펴 나갔다.

야당의 대선 후보로 경선까지 질주하였지만 일단 거기서 멈추는 줄 알았는데 지난 6·13 지방 선거에서 경기지사로 당선된다. 이때부터 선거법 시효 2일을 남겨둔 지난 12월 11일 검찰의 기소 발표까지 딱 6개월간 연일 '이재명'으로 밤낮을 지새우는 희한한 일들이 광풍처럼 지나갔다. 어떤 주요 일간지는 그간 이재명에 관한 기사가 500건이 넘었다고 하니, 휴일 빼고 156일 동안 하루 평균 3.2건을 같은 지면에 이재명으로 채워 버렸다.

바짓가랑이를 내리게 하고, 집 안 뒤주 속까지 몽땅 까발리는 이런 구차하고 어처구니없는 일들을 6개월간이나 지속했다. 형제간 의리, 부부간 애정, 모자간 갈등, 3류 통속소설적 요소들을 망라해서 1,300만 도민이 선택한 지자체장 한 사람을 5천만 국민들에게 발리고, 널려 버렸다.
마치 태어나지 말아야 할 귀태(鬼胎)를 뒤꿈치로 짓이겨 버리려는 듯했다. 아직도 진행 중이지만 발표된 내용을 뜯어보니 허무한 개그를 보고 난 뒤의 썰렁함마저 든다.

2018년 말 한국 언론 신뢰도는 25%로 조사 대상국 37개 중에서 37위로 나타났다. (옥스포드, 로이터저널리즘연구소 12/14 발표) 한국의 언론사 홈페이지 이용률이 5%(평균 32%)에 지나지 않는다는 걸 한국의 언론사들만 모르고 있는 듯하다.

남북문제만 하더라도 거족적으로 협력하고, 대외적으로 국익 차원에서라도 다뤄야 할 내용들이 산더미 같다. 4년 전, 박근혜 정부의 '통일은 대박이다.'처럼 빈 깡통으로 요란법석까지는 아니래도 자국과 자국민을 위한 언론의 역할은 정녕 없는 것인가, 오보와 가짜 뉴스로 뒤범벅인 한국 언론의 2018년이 저물어 간다. 저주를 해도 정도껏이다.

그러는 가운데, 한국 국가 경쟁력 순위는 조사 대상 140개국 중에서 2016(26위), 2017(17위), 2018(15위)이다. (세계경제포럼 10/17 발표) 수출도 6천 억 달러를 돌파(세계 7위)했다. 경제가 죽어 버려서 땅속에 묻혀 있다는데 실상은 이렇다. 땡전뉴스 시절이 아무리 그리워도, 문모닝을 아무리 저주하고 부르짖어도 피땀 흘려 일하는 국민들이 있기에 가능한 일이다. 새해에는 그런 착한 국민들 어지럽히지 말라.

2018. 12. 20.

2019년

공명지조(共命之鳥)

"하나의 몸에 두 개의 머리를 가진 새,
한쪽 머리가 죽으면 같이 죽는다"

맞는 것도 없고, 옳은 것도 없는 세상인가
(정치 문화 & 확증편향)

부부간에 외출이나 여행을 떠나기 전에 다짐을 한다. 기왕에 나온 것이고, 좋은 곳에 가는 것이니 집으로 되돌아올 때 서로 마음 상하지 말자는 것이다. 그래서 두 가지에 대한 이야기는 하지 말자, '자식과 돈', 그런데 막상 그걸 빼고 나니 할 말이 정말 없더란다.

이민 사회뿐만 아니라 한국에 살 때도 초면에 만나면 삼가야 할 3가지로 '정치, 종교, 돈', 거기에 하나 더 '자식 자랑'에 대한 이야기를 든다. 가까운 사이일수록 조심해야 할 말도 그렇다고 한다. 이렇다 보니 서로 간에 할 수 있는 대화라는 게 아주 건조하다. 눈에 보이는 이야기들만 해야 한다. 먹는 이야기, 건강, 옷, 그렇다 보니 사람들 간에 밥 먹고 눈만 끔벅이다가 돌아와야 할 때도 있다. 무난한 듯하지만 활력이 없다. '소통도 안부'도 모른 채, 겉만 돈다.

'확증편향(確證偏向)'이라는 것이 있다. 원래는 경제 용어였는데, '자신의 가치관, 신념, 판단 따위와 부합하는 정보에만 주목하고 그 외의 정보는 무시하는 사고방식'을 이른다. 이 말은 '인지 편향', '귀납적 오류', '기억 편향', '통계의 오용', '인지 관성'이라는 말들과 유사하게 쓰이고 있다. 즉 '믿는 것만 계속 믿고,' '보고 싶은 것만 보려고 한다.' 자기가 믿고 싶은 것을 확인 증명받고 싶어 하는 심리는 누구에게나 있게 마련이다. 물건을 사 놓고 그 구매가 옳았는지 궁금하고 파마머리가 맘에 드는지 보여 주고 싶은 심리가 그것이다.

하지만 자식의 장래, 돈에 대한 개념과 사용, 종교, 정치에 대해서는 그 판단과 해석의 정도가 더 심할 뿐 아니라 심각하다. 그 결과, 일상에서 매일매일 가장 중요한 분야임에도 의도적으로 회피하고, 회피하는 이유조차도 모른 채 맘에 맞는 사람끼리만 모이고, 대화하고 심화시킨다. 그래서 특화된 이야기만 하는 곳을 끼리끼리 찾는다. 돈 가지고 징징대지 않을 사람끼리만 만나고, 해당 종교 이외는 꺼내지도 못하게 한다. 정치에는 모두 박사들이다.

유유상종이랄 수도 있는 이런 현상은 사람이 변화를 싫어하고, 그래서 얼마나 변하기가 어려운가를 설명한다. 이것을 '프레임 효과(Frame Effect)'라고도 한다. 자기 자신은 이를 부정하지만 자기가 쓰고 있는 안경 색으로 세상을 보기 때문에 어느 한쪽에서는 현재의 한국을 '빨갱이' 천국으로 만들어 버려야 아주 편하다. 그래 놓고도 공정한 시각으로 사실에 입각해서 객관적인 양 착각까지 한다. 이것이 심해지고, 뭉쳐지면 '공동체 전체'가 어려워진다.

오늘날 한국은 정치 문화(Political culture)의 실종이라고 해야 옳을 정도로 흐름과 방향성이 없다. '경제가 어렵다.'라는 것과 정치가 추구하는 것은 유리될 수는 없지만 절대적이지는 않다.

엄밀히 말하자면 정치는 정치이고, 경제는 경제다. 또한 경제의 '어렵다.'라는 것은 자체의 객관성이 아주 모호할뿐더러 스스로 국민을 단지 먹고사는 개돼지 취급하는 정치 문화를 못 만들어서 안달하는 모양새다. 그런 국민들에게 먹는 문제 이상의 정신, 정서, 가치 등을 향유토록 이끌 일차적 책임은 정치인들에게 있다.

그런데 정당은 이러한 확증편향을 노골적으로 생산한다. 정책이나 이념의 문화적 접근이라는 것은 아마추어리즘으로 비웃음거리가 되어 버렸다. 언론들의 사명 또한 적지 않다. 언론들이 이런 싸움이나 프레임을 공정하게 관리하고 말려야 하는데도 덩달아서 부추기는 상황까지 되어 버렸다. 정치 문화는 없고, 확증편향만 난무하다.

2018년에 가장 회자되었던 낱말이 '혐오'와 '가짜 뉴스'이다. 국민 소득 수준 3만 불이 이미 넘어섰다. 세계 11대 경제 대국이다. 한가한 소리 같지만 물설고 낯선 이국땅에서 몸 붙이고 살아 보려는 이민자들의 그런 노력의 절반이라도 귀농, 귀어한다면 먹는 문제로 이렇게까지 서로 아귀다툼할 상황도 아닐뿐더러 이걸 정치에 몰방해서 요구한다는 게 얼마나 난센스인가.

필자는 일제의 패배주의의 산물이 이런 '패거리 문화'를 만들었다고 생각한다. 패전국 일본은 모든 가치의 최상단에 '생존'이 자리해야 했다. 살아남아야 재기도 하고 재건도 할 수 있다는 매우 단순한 논리다. 그래서 그들은 '누가 살아남는가?'가 가장 중요했다.

홀로 있는 것보다 '패거리' 져 있어야 생존 확률이 높다는 걸 본능적으로 알았다. 그 길이 '옳거나 틀리거나'의 문제는 사치스러운 것이었다.

틀려도 맞고, 맞아도 틀려야 했다. 오직 '내 편인가, 상대편인가?'만 있다. 선택의 여지를 없애 버렸다.

개인이든 정당이든 더 현명한 판단을 하려 한다면 자기 무의식 속에 있는 이런 확증편향에서 벗어나려는 노력은 빠를수록 좋다. 부부지간에 자식, 돈 이야기 못 하면 어디 가서 하나? 정치, 종교 이야기, 서로 듣고 편하게 말할 수 있어야 한다. 비로소 맞는 것, 옳은 길을 찾게 될 것이기 때문이다.

2019. 1. 2.

판사의 가죽으로 의자를 만들어…

(양승태)

엊그제 2019 아시안컵 축구 대회가 끝났다. 한국과 베트남이 아쉽게 8강 문턱에서 탈락해서 많이 아쉬웠다. 지난 러시아 월드컵 때부터 축구 경기에 새로운 규정이 생겼다. 이른바 'VAR(Video Assistant Referee, 비디오 판독 시스템)'이 그것이다. 배구나 야구에서는 일찍이 도입된 제도로써 심판의 오심을 줄이고자 하는 제도이고 그 실행 여부와 판단에 대해서 절대적 권한이 심판에게 주어져 있기 때문에 심판의 권위와 결정을 존중해 주기 위해서 시행된 것이라고 해야 옳다.

반면에 명백한 오심은 사후에 심판을 심판대에 올려서 더 이상 심판직을 못 하게 하는 장치이기도 하다. 심판에게는 그 경기에 관한 모든 걸 부여하지만 동전의 양면처럼 그에 따른 책임도 붙어 다닌다. 관중의 입장에서 보면 시원하고 깔끔하다. 그런데 오늘날 한국 사회의 심판인 판사는 어떤가.

이탄희 판사는 양승태 대법원장에 의해 2018년 3월 대한민국 판사라면 누구나 원하는 법원행정처 기획 심의 조정관으로 발령받았다. 비밀번호가 있는 파일을 전임자로부터 인수받게 되는데 그 안을 열어 본 이 판사는 '판사의 뒷조사'를 한 목록 표를 보게 되며, 그런 일을 하는 자리라는 걸 알고 곧바로 사표를 제출해 버린다. 양승태 대법원은 11일만에 그를 지방으로 발령을 낸다. 이게 거의 1년여 동안 온 나라를 뒤흔든 '사법 농단 재판 거래 및 판사 블랙 리스트 사건'의 단초이다. 이 판사는 왜 그 꽃길(?)을 마다했고, 그런 일들이 왜 자신 앞에 놓이게 되었는지 숙명으로 받아들이겠다면서, '법관이 추구해야 할 것은 사적인 관계나 조직의 이익이 아니라 우리 사회의 공적인 가치'라는 글을 법원에 남기고 두 번째 사표를 제출하고 올 1월 결국 법원을 떠났다. 그는 자신의 말을 행동으로 보였다고 할 수 있다. 그리고 양승태 전 대법원장은 2019년 1월 24일 구속 수감되었다.

이 나라의 '법과 양심'을 송두리째 요절을 내버린 양승태 전 대법원장이 구속이 되고 나자 아주 희한한 재판들이 나타나고 있다. 익히 알고 있듯이 증거조차 불충분하고, 전례도 없는 현직 도지사를 유죄판결하여 수감시켜 버렸다. 그곳은 전임자 없이 1년 반 동안 도정 공백인 그런 곳이다. 다른 한편으로는 이명박 시절 김성호 전 국정원장의 '국정원 특활비' 재판에서는 뇌물을 주고, 주고받은 3인이 모두 인정하는 걸 판사는 그일 한가운데 있는 그에게 '무죄'라고 석방해 버린다.

경우는 약간 다르다지만 공소 내용 10가지 중 9개가 무죄라고 판결한 1심 내용을 항소심에서는 9개가 유죄라고 180도 다르게 판결해서 안희정 전 충남 지사를 수감시키는 일이 순식간에 벌어졌다.

고대 페르시아에 캄비세스 2세라는 왕이 있었다. '눈에는 눈'으로 유명한 최초의 성문법인 함무라비 법전은 기원전 15세기 바빌론의 일이고, 캄비세스 왕은 그 후 1천 년이 흐른 뒤의 이야기다. 그림으로 더 유명한 부패 판사 처형에 대한 이야기다.

재판관이 '재판에 관한 범죄'를 지었을 때 어떻게 했을까. 당시 재판관 시삼네스(Sisamnes)의 재판 비리가 발각되자, 캄 왕은 '재판관의 껍데기'를 산 채로 벗겨 재판관 의자에 깔도록 했다. 그리고 그 의자에 그의 아들 오타네스를 재판관에 임명해 앉혔다고 한다.

일본에 나라를 빼앗긴 한민족의 선택은 크게는 '굴종하느냐, 저항하느냐' 두 가지였다. 좀 더 들어가 보면 이 또한 천태만상이다. 일제 고등계 형사 노덕술, 그가 반민특위에 의해 친일 부역자 제1호로 지명되어 체포당하자 전 국민이 환호했다고 한다. 그런데 바로 사흘 뒤 이승만은 그를 특별 석방해서 헌병대에 배치시킨 뒤 반공 투사로 변장시켜 준다. 오늘날 전해져 내려오는 고문 기술 70%는 그가 만든 것이라고 하며, 1986년 박종철이 당한 물고문도 그의 대물림이었다. 반면에 가장 극렬하게 저항했던 항일운동 단체가 김원봉의 '조선의열단'이다. 이는 영화 〈밀정〉, 〈암살〉 등을 통해서 이미 우리에게 낯설지 않다.

남북 교류가 한창인 요즈음 북한의 항일 독립운동사가 간간이 전해 온다. 남한에서 배워 왔던 항일 독립 투쟁의 역사는 어쩌면 아주 미미해져 버릴 수도 있겠다는 생각도 든다. 아무튼 북한에서도 조선의열단의 항일 투쟁사는 높은 지지를 받고 있는 듯하다. 일제로부터 해방된 조국에서 노덕술에게 고문을 당한 뒤 집에 돌아와 3일 동안 밤낮으로 통곡했다는 약산 김원봉의 이야기가 건국 100주년이 지나가는데도 별다를 게 없어 보인다.

2,500년 전보다 못한 세상인가.

2019. 2. 3.

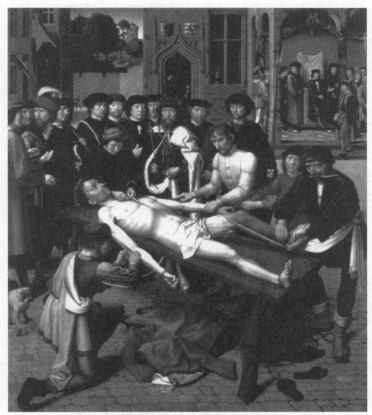

'시삼네스의 처형'(〈캄비세스의 재판〉, 헤라르트 다비트)

점어상죽(鮎魚上竹)
(하노이 회담 결렬)

'아~아, 억울하면 출세하라, 출세를 하라.'

60년대 청춘을 살았던 세대들에게 '맨발의 청춘'은 허세가 아니라 꿈이요, 야망이요, 도전이었다. 까짓것 한번 부딪쳐 볼 만한 세상이었다. 그때라고 세상이 녹록한 건 아니었다. 주변엔 부자들도 있었고, 좋은 학교 나온 사람들도 있었다. 그러나 부자라고 오만하지도 않은 듯했고, 학벌 좋다고 마냥 부러워만 하지도 않았다. 스스로 겸손했고, 쓰는 데 인색하면 손가락질당하기도 했다. '사람 팔자 시간 문제'라는 주술 같은 이야기들이 오기인지 허세인지 광범위했다.

가난하고 못 배운 자들의 호기가 선술집 대포 탁자에서는 오히려 드높았다. 취해 돌아오는 골목 어귀에서 자조적으로 불러 젖혔던 노랫가락 같은 객기의 한 단면이 이 '출세 타령'이었던 것이다. 그만큼 서로 간의 '차이'라는 게 손에 닿을 듯했다. 설령 내가 아니래도 자식은 그걸 가능케 할 수도 있겠다는 배포들을 안고 지나오길 60여 년, '널려진 자유주의' 그 환희와 이상의 끝자락, 우린 오늘 그 무엇을 붙들고 있는가.

기대를 너무 많이 했던지 2월 27일 '제2차 북미 하노이 정상회담'이 합의를 보지 못하고 끝났다. 세계적인 이벤트임에는 분명했지만 트럼프 미 대통령의 최측근 변호사 코언의 의회 청문회가 동시에 열리는 바람에 미국 내 정치 상황이 훨씬 더 화급해 보였다. 한국은 당사자는 아니지만 그 이상으로 회담의 진행과 결과 도출에 대한 기대로 초조하였다. 이미 알려진 대로의 결과를 놓고, '합의는 실패했지만 협상은 지속한다.'라고 자위적(自慰的) 해석을 내릴 수밖에 없는 것이 현실이다. 갈 길 먼 한반도의 평화와 번영, 앞만 보고 가기에도 바쁠 글로벌 시대에 뒤돌아보지 않아도 될 일들이 참 많은 게 한민족의 미래다.

3·1 민족 항쟁과 임시정부 수립 100주년 행사들이 예년에 비해 훨씬 자주적이고 활기차다. 민족의 독립, 그리고 압제로부터의 해방, 그걸 민족 모두가 진정 원하고 바랐을까? 그렇지 않았다. 오히려 독립 만세가 불안했고, 힘도 없는 것들의 미친 짓이며, 불편했던 사람들이 있었다. 해방이 되니 '망했다.'라고 숨고, 도망가기에 정신없는 사람들이 엄청났다. 설마 그랬을 리가 있었겠냐고? 사실이었다. 아주 명명백백한 사실이었다. 그것도 한두 명도 아니다. 분단 75년이 되어 가지만 남북이 전쟁하지 말자는데, 평화롭게 지내자는데 반대할 사람이 어디 있겠느냐고? 독립되고 해방되지 않았으면 하는 사람들의 피눈물(?) 나는 그동안의 노력(?)으로 훨씬 더 많아졌다. 알면서도 그렇고, 모르면서 그런 사람들도 있다.

멀리 갈 것도 없다. 2008년 7월 이명박 전 대통령은 관광객 사건으로 어렵게 남북이 이어 오던 금강산 교류를 단절시켜 버리고 5·24 조치를 취해 버린다. 2016년 2월 박근혜 전 대통령은 개성 공단을 일방적으로

폐쇄해 버린다. 그리고 나서 날마다 '전쟁하겠다.'라고 전쟁을 머리 위에 이고 살았다. 그런 사람들이 모인 정당의 새로운 대표란 분은 한국에 전쟁이 나면 그 '전시 작전권'을 누가 갖고 있는지조차 모르고 있다. 이는 불과 열흘 전 이야기다.

미국과 북한, 규모상으로 뭘 더 비교하고 말 것도 없는 나라다. 걸맞지 않는 것들끼리 마주 앉은 것만으로도 감사해야 하는 건지, 주눅 들지 않았다고 헛웃음을 켜야 하는 건지 자유가 가져다준 비대해질 대로 커져 버린 '세기의 교만' 앞에 하고 싶은 이야기마저 못다 하고 허공만을 응시한 채 왕복 6일간의 거리를 기차로 되돌아가는 한반도의 다른 반쪽을 착잡하게 바라볼 수밖에 없다. 여전히 한쪽에서는 도울 힘도 없으면서 '억울해?' 비루하게 비아냥대면서 허무한 출세 타령을 건네는 듯하다. 그런 그들이 유난히도 즐겨 왔던 말들이 아이러니하게도 '자주(自主)'라는 말이다. 자주국방, 자립이다. 하세월 70년이다. 속이는 것도 지나쳐 이제는 성조기와 일장기를 흔들고 있는 자기 자신들마저 누구인지도 모르는 듯하다.

점어상죽(鮎魚上竹), 메기는 비늘이 없어 매끄러운 물고기다. 그 메기가 표면이 매끄러운 대나무에 오른다는 것이 불가능해 보이지만 대나무 잎을 물어 잡으면서 대나무를 오른다고 하여 현실적으로 불가능해 보이는 일들을 이루어 가는 일에 빗대는 말이다. 10년 뒤면 어쩌랴, 또 다른 백 년이라도 '민족'으로서 해야 하는 건 해 보겠다는 일념이라면 설마 '출세를 못 한다 한들 억울할 것 같지는 않다.'

2019. 3. 6.

메기탕 집 벽에 걸린 점어상죽 액자

세기의 회담이 실패함으로써 한반도, 한민족의 운명이 또다시 어둠 속으로
사라져 갔다. 2019년 2월 28일 베트남 하노이, 북미 2차 정상회담

그래서, 단 한 명의 친일 부역자도 처벌하지 못했다
(반민특위와 이승만)

　학교에 가면 여러 가지를 배운다. 한두 가지가 아니어서 여기서 모두 다룰 것은 못 된다. 학교라고 모든 걸 배울 수도 없고, 실제 어떤 사실을 알고 모르고의 차이는 백지 한 장만도 못하다. 모르는 것이 훨씬 더 많고, 더러는 모르고 지나가는 게 편하고, 무방할 때도 있다. 그럼에도 불구하고, 남 앞에서 말을 하거나, 공인으로서 국민을 상대할 위치에 있는 사람에게 소위 문사철(文, 史, 哲)의 기본에 대한 식견은 본인 자신을 위해서도 필요하다.

　나경원 자유한국당 원내대표가 '해방 후 반민특위로 국민들이 분열했다.'라고 발언했다. (2019/3/14, 당최고위원회의) 이 발언은 최근 수많은 대형 뉴스가 많지만 어쩌면 해방 이후 '친일과 빨갱이'에 관한 '그런 그런 뉴스'들이 파생되게 한 꼭짓점일 수 있는 엄청난 이슈다. 수많은 격동의 한국 근대사에서 '반민족행위특별조사위원회'(반민특위)에 대한 의미가 무엇이며 결과가 어떤 것인가? 이 굴절의 역사를 알고 모르고의 차이는 '한국인'으로 살아가는 데 실로 엄청난 분기점이 된다.
　이는 단순하게 '해석의 다름' 정도가 아니고, 북극과 남극의 차이만큼이나 확연한 반역사적인 사건이다. 극단적일지라도 한국 역사를 통째로 몰라도 좋다. 한국인으로서 '반민특위'를 정확히 몰랐다면 단 1시간의 여유를 내서라도 반드시 알고 나서 세상을 떠나도 좋을 만큼의 비장함이 있는 사건이 바로 '반민특위' 역사이다.

필자는 이걸 공부한 뒤로부터는 '세상은 보이는 것만 존재하지 않는다'는 걸 알았다. 정확하게 말하자면 학교 수업에서는 다룬 적도 없었고, 도서관에서 스스로 찾아보고서야 알게 된 사실이니, 70년대 중반, 유신 당시 제 또래 중에서는 100명 중에서 많아야 4~5명 정도만이 알 수 있을 정도로 그 당시의 그들은 이 '반민특위의 역사'를 파묻고, 없애 버리고 싶었을 사건이다. 그걸 가해자격인 사람이 오히려 용감무쌍하게도 꺼내 들었다. 반민특위 사건의 진실은 내 인생의 전환점이 되었던 수많은 변수 중에서도 가장 '결정적 변곡점'이다.

36년의 일제강점기, 그 치욕의 세월을 살아남은 당대의 한민족은 가혹한 시련과 격동 속에서도 독립과 민족의식으로 두 번 다시 오욕의 역사를 반복하지 않고 진정한 독립국가를 건설하려고 했다. 망명 임시정부와 국내 우국지사들과 압제의 땅 밑에 겨우 숨죽여 살아남은 민초와 백성들을 위한 참다운 나라, 반듯한 대한조국을 만들려고 했다.

반민특위의 좌절로 인해 '또 다른 외세'가 우리 민족을 뒤덮을 줄은 상상조차도 못 했다. 1948년 제주 4·3의 3만여 명, 1949년 여순항쟁 5천여 명, 신탁 통치 반대, 그리고 전쟁 초기 국민 보도 연맹 학살 33만여 명은 해방된 조국에서 벌어진 자국민 대학살극이었다.

아무리 상황이 다르다지만 36년간의 일제강점기에도 해방 후 7~8년에 비해서 사람이 그렇게 많이 죽지는 않았다. 한국전쟁 중에는 전투와 직접적인 관련도 없는 순수 민간인 사망자가 비공식적으로 남북한 250만 이상이다. 그 상흔은 지금도 아물지 않았다. 전쟁 중 북한 지역 양민 학살에 대한 자료는 여기에서 논외로 하자.

적어도 남한 지역에서의 양민 학살은 인민군보다는 남한 정부군에 의해 자행된 것이 훨씬 많았다는 것은 거의 주지의 사실이다. 거기에 북한 양민 사망자까지 합계해 본다면 이건 문제가 한참 달라진다. 그런 연원을 '반민특위의 좌절'에서 찾으려는 연구가 무수하다. 거기에 이승만 정부가 있었고, 단지 '영어'를 좀 더 할 줄 아는 한국인이라는 이유로 이승만이 거기에 있었다.

그가 독립운동을 했다는 것은 거의 거짓말에 가깝다. 사탕수수 농장 조선 노동자들이 모금한 여학생 기숙사 건립 기금 2,400불로 자기 집을 샀고, 국민 회의의 여학교를 단돈 1달러에 자기 명의로 바꾸고 거기에서 4,250불을 대출받고, 남학생 기숙사를 담보로 대출을 받아 횡령한다. 1919년 4월 11일 대한민국 임시정부가 수립되었다. 지금부터 딱 100년 전의 일이다. 대통령 자리를 안 주면 참여 않겠다고 하여 초대 대통령이 되지만 돈을 마음대로 쓸 수 없게 하면 대통령 못 하겠다고 미국으로 가 버리고, 흥청망청해 버린다. 1925년 최초로 대통령에서 탄핵된다. (이상 민족문제연구소)

해방 직전 미국 OSA(CIA 전신)는 김구의 임시정부의 대한독립군과

대일본 전쟁 동맹 체제를 갖추었지만 전투도 못 해 보고 일본이 항복해 버린다. 재빨리 일본에 머물던 '영어 하는 70 노인'이 맥아더와 만나면서 한민족은 '단 한 명의 친일 부역자도 처단하지 못했다.'

　미국에 살아가면서 자식들에게 영어만 가르쳐서는 안 되는 일 중에 하나가 정체성 교육이고, '반민특위'는 그중에서도 가장 중요한 '한국인 정체성 공부'라고 생각한다. 민족혼을 말살했던 일을 자식들에게 감추려 하지 마라. 한국인이라면 평생 한 번만이라도 '죽기 전에 제대로 알고나 죽자!' '반민특위, 입이 없어서 침묵하고 있는 줄 아는가!'

2019. 3. 29.

문재인 대통령의 미국 방문을 맞으면서

2009년 5월, 고 노무현 대통령의 비보를 접하고서 본란에 글을 올린 적이 있다. 정신을 차릴 수가 없을 정도로 참담한 심정이었다. 대통령까지 될 거라고 생각지도 못했던 분이 천신만고 끝에 대통령이 되었고, 국민과 함께 국민의 눈높이에서 치열하게 노력했던 게 정권 말기가 되니 세상의 질곡을 모두 그가 저지른 것으로 민심은 싸늘하게 식어 버리고, 결국 퇴임 1년을 넘기지를 못하게 야박하고 모질었다. 올렸던 글은 그래서 통한과 분노였고, '링컨의 죽음'을 떠올리며 오래도록 기억하겠다는 다짐을 했던 것으로 기억한다. 그 일은 '사람 사는 세상 워싱턴'을 미국의 수도 워싱턴에 자리하게 하였다. 벌써 10년 전의 일이다.

같은 해 8월, 김대중 대통령이 서거하였다. 김대중 대통령이 1997년 말 제15대 대통령 선거에서 지지율 25%~30%에서 요지부동인 후보가 당선이 될 수 있었던 것은 노무현 대통령 때보다도 당선 가능성이 더 희박한 일이었다. 그만큼 엄청남 변수가 작용했다.

그렇게 해서 최초의 정권 교체가 되자 가장 크게 달라진 점을 한마디로 말한다면 '민족'이었다. IMF 시절이어서 '경제'가 더 중요하게 보였지만 경제 문제는 그때나 지금이나 일상화된 일이다. 보수진영 일부가 합

170

류했기 때문에 이념적인 내부 반대가 있었지만 분단 50년 만에 남북 정상이 처음으로 만났다. 그 당시의 6·15 공동 선언은 지금도 유효하다. 한 사람의 리더로 인하여 50년 분단 시대의 종식을 향한 민족적 거보가 이어졌다.

경제와 안보를 앞세운 이명박, 박근혜 정부에 대한 이야기는 아는 바처럼 아직도 그 뒷정리가 진행 중이다. 다만 민족문제는 20년 전으로 완전히 되돌아간 상황에서 문재인 정부가 들어섰다. 새삼 정부 출범 직전의 급박했던 한반도 상황은 불과 2년도 채 안 되었지만 까마득하게 잊어버리지 않았는가 할 정도다. 한반도의 평화 상황은 민족에게는 기적 같은 일이지만 국내 정치는 여전히 후진적이며, 무책임하고 비상식적이다.

이명박, 박근혜 대통령 시절에 필자는 본 지면을 통해 간단없는 비판의 글을 내보낸 적이 있다. '역사와 민족'에 대한 배신과 좌절이 그 주를 이루었다. 물론 다소 불편해하시는 분들도 있었고, 잘하는 것은 칭찬도 병행했으면 좋겠다는 조언을 심심찮게 들었다. 이미 지났으니 추억으로라도 칭찬할 '거리'가 보이지 않으니 제 불찰이었으면 좋겠다.

자유한국당 정유섭 의원의 발언처럼 '대통령은 노서도 된다.' 발언의 이면은 그만큼 책임 있는 인사를 잘하라는 뜻이겠지만 아무리 선의적으로 해석해도 엄혹한 현실과는 거리가 있다. 문재인 정부가 그동안의 내치에서 이루어 낸 일들은 대통령 혼자만의 능력만으로는 이루어질 수 없을 정도로 예전에 비해서 확실하고 뚜렷한 임팩트가 있다.

사고 일상의 경제 문제, 국민 안전의 문제들이 취임 2년을 앞두고 성과가 나타나고 있다.

그런가 하면 대통령만이 할 수 있는 외교 안보 분야에서는 취임 2년이 채 되기 전에 남북 정상이 3번을 만나고, 미국 대통령과 7차례를 만나고 있다. 상당 시간이 흐른 다음에 본다면 이 상황은 한민족의 미래에 커다란 궤적이 될 것이 분명하다.

대저 대통령은 어떤 자리이며 역사적, 민족적 문제에 어떤 마음과 자세를 견지해야 하는가, 그 이전에 어떤 식견과 통찰력과 리더십이 구비되어야 하는가, 미국의 트럼프 대통령이 보여 주는 생경한 리더십과 어느 정도 정형적인 김정은 위원장과의 사이에서 연이어질 한미, 북미, 남북 교차 회담에서는 가지각색의 기대와 바람, 요구와 비난의 칼날 위에 설 수밖에 없다. 한민족과 한반도의 평화와 미래를 위한 막중한 현안들은 전문가와 참모들의 측면 지원만으로 해결되지 않는 '혜안'이 절실하다. 수천 년 예수님과 수많은 선각자들의 발걸음들은 당시의 비웃음과 조롱들을 걷어내는 데 수십, 수백 년이 흘러야 했다.

김대중, 노무현 전임 대통령에 연이은 한반도 평화와 미래를 위한 또 하나의 디딤돌이 이번 한미정상회담에서 놓이기를 고대합니다. '그냥 노셔도 될 것인데…' 하는 생각을 진짜로 하는 사람들이 있기에 더욱 그렇습니다.

2019. 4. 11.

당시 한국일보에 실린 환영 광고

조롱과 멸시는 열등감의 표출이다

허유세이(許由洗耳), 허유가 귀를 씻다.

허유(許由)는 요순시대의 현인(賢人)이다. 그는 품덕이 고상하고 재간과 지혜가 탁월하기로 소문나 있는 사람이었다. 많은 분들이 이미 알 터이니 줄이면 이렇다.

태평천국이라 하면 '요순시절'을 떠올린다. 그럼에도 요제(堯帝)는 허유에게 수차례에 걸쳐 임금 자리를 받으라고 하니, 그때마다 안 들을 말을 들었다며 자신의 귀를 씻었다. 거절하는 것조차 귀찮아져서 첩첩산중인 기산으로 칩거한다. '정 그렇다면 9개 주 장관이라도 맡아 달라'고 하니, 영수(潁水) 물에 또 귀를 씻고 있는데 마침 소에게 물을 먹이려던 친구 소부(巢父)가 귀를 씻는 자초지종을 듣고는 '이 번거로움 또한 당신이 자초한 것이니 내 소 입 더러워지겠소.' 하면서 소를 끌고 상류로 올라가더라.

요즈음 아무리 정치인들이라지만 한국과 미국에서는 귀 씻는 물을 먹은 소가 구토를 할 지경의 '말 같지도 않은 말'들이 그칠 줄을 모른다. 허유 같은 사람을 떠올리는 것이 얼마나 무색하고, 부질없는 짓인지 자괴감마저 든다.

그랬다. 하는 일마다 비방이요, 조롱이었다. 비가 너무 많이 내려도 노무현, 제때 비가 내리지 않아도 노무현 탓, 그런 노무현 전 대통령이 유명을 달리 한 지 10년이 되었다. 10주기인 셈이다. 그런데도 추모의 열기는 여전하다.

이를 비아냥대고 싶은 마음이 굴뚝같은 분들도 있을 것이다. '부모들한테 그 1/10이라도 한번 해 보라고…!' 그 추모의 현장에는 반드시 젊은 이들만 있는 것도 아니다. 연령과 세대, 남녀, 지역, 종교를 초월하고 있다. 인간 노무현의 철학과 가치, 정신이 얼마나 강하게 배어 있는지를 반영하는 증거라고 본다.

각종 제도나 통계에 나타난 사실로 미루어 볼 때 한국 사회의 얼마나 많은 구석구석에 노무현의 정책과 노력들이 뿌리를 내리고 있는지를 짐작하기는 어렵지 않다. 지나 놓고 보니 더욱 그렇다. 물론 그의 사후에 들어선 이명박, 박근혜 전 대통령과의 차이에 따른 '기저 효과'도 이를 더 돋보이게 하고 있다고 생각한다. 그럼에도 불구하고 그들이 쏟아 냈던 조롱과 멸시, 입에 담지 못할 욕설들은 오늘 다시 들어 봐도 용서하기 힘든 부분 있다.

'등신외교의 표상.'(방일 직후, 2003, 한나라당 이상배), '생긴 게 개구리 같다.'(박주천, 한나라당), '뇌에 문제가 있다.'(공성진, 한나라당), '노무현 이를 대통령으로 인정할 수 없다.'(김무성), '그놈의 노무현 때문에 참 쪽팔린다.'(심재철), '경포대'(경제를 포기한 대통령), '노가리', '죽일 놈', 이런 조롱은 퇴임 이후까지 이어진다. 봉하 사저를 '아방궁, 노방궁, 노무현 타운, 노무현 캐슬'이라고 공격했다. 현실 정치인들 입에서 쏟아 낸 말들이었다.

그리고도 부족해서 사후에 까지도 조롱과 멸시가 멈추지 않고 있다. 한국에 현존하는 온갖 욕설과 비방만 모두 한꺼번에 모아 둔 듯하고, 회원끼리도 날이면 날마다 싸움과 욕설만 난무하는 '인터넷 쓰레기통' '일베' 사이트에는 지금도 그런 게 지속되고 있다. 방송국, 대학교단에서까지도 조롱하고, 멸시하는 글과 말들이 튀어나오고 있다. 이에 대해서 생전의 그는 '대통령을 욕하는 것은 민주사회에서 주권을 가진 시민의 당연한 권리입니다. 대통령을 욕함으로써 주권자가 스트레스를 해소할 수 있다면, 저는 기쁜 마음으로 들을 수 있습니다.'라고 말했다. 그렇지만 퇴임 후까지도 지속되었던 조롱과 멸시, 인격 모독, 망신 주기, 비아냥을 견디어 내기에는 바보(?)에게도 인내와 연민에 한계가 있었던 듯하다.

대게 상대방에 대한 불편함이나 미움, 악감정, 시기와 질투의 출발은 '열등감'이 그 발로이다. 그 뿌리는 질기고도 깊다. 스스로 해결하지 못하면 자신에게 그게 되돌아오게 되어 있다. 문재인 대통령에 대한 똑같은 것들이 되풀이되고 있다. 그러나 문재인은 노무현과 여러 면에서 다르게 대처한다. 그런 문재인 대통령을 노무현 전 대통령이 돌보고 있다는 생각을 10주기에 문득 하게 된다. 실패나 실수는 한 번으로 족하다. 실패를 반복하지 않아야 우리 민족에 희망이 지속될 것이기 때문이다. 10년 동안 '새로운 노무현'이 들풀처럼 흩뿌려져 등등이 살아 있으니 그렇다.

2019. 5. 23.

김해 봉하마을 노무현 대통령 묘지 방문, 2017년 10월

2010년 1주기부터 2023년 14주기까지 추모제가 열리고 있다, 사진은 제7주기 추모제 포스터

세상은 옳고 바른 길만 기다리고 있지 않다

지금은 돌아가셨지만 시골 동네 집안에 성택이 아저씨가 계셨다. 어느 곳에나 꼭 한 분씩 있는 그런 분, 술 좋아하시고, 평소 화내는 걸 본 사람이 거의 없다. 어른이건 아이들이건 그분을 싫어하는 사람이 별로 없었다. 항상 즐거운 사람, 주변에 그런 분들 꼭 한 분씩 계실 테니까 벌써 짐작을 하셨겠지만 좀 그런 분이었다. 자기 주관이란 게 있을 턱이 없다.

그런데 어느 날 장탄식을 한다. 동네 사람들이 자초지종을 물었더니 하나뿐인 아들이 자기도 모르게 고등학교에 합격해 버렸다는 것이다. '그런데…?'

중학교만 졸업하고 자기와 함께 농사짓기를 바랐단다. 그리고 술값 줄어드는 걸 벌써부터 걱정한다. 이런 속내를 털어놓자니 동네 사람들이 놀릴까 봐 고민이 이만저만이 아니란다. 자식 똑똑한 게 불만인 아버지, 상상과 이해 불가다.

나중에 그 아들은 농협 지점장까지 한다. 자칫 집안이 주저앉을 뻔했다.

인터넷 쇼핑몰 아마존 때문에 대형 마트까지 충격이 크다는 것은 익히 알려진 일이다.

그래서 대형 마트마저도 갈수록 인력을 줄이고 있음을 실감한다. 고객 스스로 무인 판매대를 이용할 줄 모르면 마켓도 드나들기 힘들어진 시대이다. 마켓 출구에는 나가는 손님 카트에 물건 체크하는 분들이 꼭 있다. 산더미 같은 고객 물건들을 일일이 체크한다는 건 사실 불가능할 텐데도 오늘도 여전히 영수증에 열심히 마크하고 있다. 대부분 연세가 훌쩍 많은 분들이다. 'I HATE IT.' 오늘 아침에 80이 넘었을 법한 하얀 할머니가 예전과 다르게 마커 펜이 아닌 조그만 핸드 스캔을 들고 영수증과 물건의 바코드를 스캔하면서 '그게 뭐냐?'라고 묻는 나에게 짜증스럽게 내뱉은 말이다. 이분은 지금 자신이 어디에서 뭘 하고 있는지 알 바 아니라는 식이다.

'사람에게 충성하지 않는다.' 조직 이론에서는 익히 바이블 같은 이야기가 요즈음에 새롭다. 윤석열 대한민국 검찰총장 지명자가 2013년 국정원 대선 관련 국정 조사 증인석에서 했던 말이다. 사건 수사를 맡고 있던 수사팀장에게 하겠다는 수사를 중도에 못 하게 하고, 지방 평검사로 발령을 내 버렸다. 그가 조금만 눈치(?)가 있는 사람이었다면 사표를 내 버렸을 것이다. 어쩌면 아예 그런 일 자체를 만들지 않았을 것이다.

'조직에 충성한다.' 이는 전형적인 보수주의자이고, 원칙론자의 길이다. 당시 법무부 장관으로 그의 명령권자로서 직속상관이었던 황교안 자유한국당 대표는 검찰총장 내정 사실에 대해 '검찰의 정치적 중립을 믿는다.'라는 일성을 내보냈다. 도무지 앞뒤가 안 맞다. 자기의 위치에서 '직분에 충실하는 것'은 체제와 이념까지 갈 필요도 없다. 그냥 사회생활의 기본이다. 국가는 국민 각자에게 그런 시스템을 갖춰 주려고 끊임없이 노력해 오고 있다. 이를 위해 개인적인 노력과 자유를 최대한 보장해 주려는 것이 자유주의 체제를 유지하는 핵심 가치이다. 그것이 바로 보수의 가치이고 행동이다.

세상은 반드시 옳고 바른 방향으로만 나아가지 않는다. 지나 놓고 보니 그렇다. 나라의 왕비가 궁전에서 남의 나라 군사들에게 무자비하게 목숨을 잃고 국왕이 일개 군사에게 무릎을 꿇고 국권을 넘겨줬던 이후로 서럽고 서러운 그런 치욕을 다시는 되풀이하지 말자고 했건만 그렇게 죽을 고생들을 하고 살아남아서 고작 한다는 것이 남북이 갈라져서 전쟁을 하고, 혈육 간에 죽고 죽이도록 하는가 하면 남은 반쪽마저 자신들만을 위해 협잡하고 혹세무민하며 그 아픈 역사를 통절하지 못하고 있다. 한 시대를 같이 살아가는데도 이렇게 간극이 큰 것은 역사 공부의 부재로 인한 역사 인식의 고갈, 그리고 소통의 부재로 생각한다.

역사를 몰라서 '내가 누구이고, 무엇을 해야 하는지'를 모른다면 나이 들어 가면서 '소통'이라도 해야 된다.

소통 부재, 만난 지 오래되었다고 소통도 잘 된다는 건 난센스다. 보통 마케팅하는 분들이 공통적으로 겪는 문제가 바로 이것이다. 가장 먼저 물건이나 서비스를 건네주려고 오래전부터 생각해 왔던 예상 고객 명단 상위 리스트는 휴지가 되어 버릴 가능성이 많다. 소통되지 않는 오랜 인연은 오히려 서로의 발전에 장애가 된다. 부모 자식 간, 평생직장 생활, 낯설지 않은 낡은 권력, 이를 극복해 내지 못하는 조직과 사회는 퇴행과 역주행만이 기다리고 있을 뿐이다.

(5년이 지나 놓고 보니 내 인생에서 이렇게 '사람의 말'에 철저하게 홀딱 속아 본 일은 아마도 없었던 것 같다. 5년까지도 아니다. 이 글 직후부터다. 여태껏 써왔던 수많은 칼럼 중에서 가장 후회되는 글 중의 하나이고 지워 버리고 싶은 글이지만 반성하는 의미로 남겨 두고자 한다.)

2019. 6. 22.

언제나 나라는 백성들이 지켰다

(No Japan 1)

2019년 7월 4일 일본의 아베 수상이 일본 참의원 선거(7/21)를 앞둔 시점에서 '일제강점기 강제징용자의 개인 보상에 한국 대법원의 판결'에 대한 부당함을 내세우며 한국에 반도체 생산 소재 3개 품목에 대해서 규제를 발표하였다. 불과 1주일 전 일본에서 끝난 G20 정상회담, 즉 자유무역을 확대 권장하는 G20 개최국인지 의심되는 만행(?)으로 당사자 한국은 물론 세계가 발칵 하고 있다. 그리고 또 1주일이 지나자 WTO를 의식한 듯, 규제 품목이 북한의 핵무기 제조에 유출된 듯한 발언(조선일보 기사 인용)으로 유엔 안보리 대북 제재 위반으로 입장을 바꾼다. 내일이면 또 어떻게 바뀔지 궁색할 게 뻔하다.

세계 각국들은 현명한 지도자를 원하지만 반드시 그렇게 되지는 않는 듯하다. 예전에도 그랬을 터이지만 지금은 더욱 요상한 자들이 권좌에 오른다. 달라져도 많은 것들이 달라졌다. 미국 대통령과 필자도 서로 직통하는 시대이니 그렇다. 그래서 각국들은 리더 선출의 문제점인 선거 제도를 보완해 보고자 하지만 그 속도는 한참 더 뒤처져 따라오던가 그마저도 여의치가 않다. 각국 지도자들의 단순한 집권 의지나 집착은 해당 국가의 상황이나 시대 정신을 무력화시켜 버리기 십상이고, 오로지 자신의 재선과 집권 연장에 모든 정책을 집중시키고 있는 게 현실이고 이는 때때로 국가를 넘어 세계를 혼란케 하고 있다.

미·중 간의 무역 마찰에 이은 일본의 일방적 수출 규제 조치 건도 같은 선상이다. 국가 대 국가의 문제라고 볼 수도 있겠지만 권력자의 개인의 권력 의지가 문제의 출발이기 때문에 해결책도 권력자의 향배와 거의 연동된다고 봐도 무방하다. 따라서 트럼프의 재선과 아베의 재집권 여부가 이번 사태의 향방을 가른다. 그 사이에 각국의 국민들은 무엇이 되며, 어떻게 그동안을 살아야 하느냐 하는 것은 관계국 국민들의 고통이자 숙명이다.

사태 발생 10일이 지난 현재 한국 정부는 우선 침착하다. 국민들도 독도나 역사 왜곡 문제를 대하는 때와는 달리 차분하게 정부의 대응을 지켜보고 있다. 안으로는 2016 말 촛불 1,700만의 응집된 열기가 용암처럼 들끓고 있다. 역사적으로 나라가 위난에 처했을 때마다 백성들이 그렇게 온몸으로 나라를 지켜 왔듯이 시민들이 할 수 있는 일부터 우선 '일본 제품 불매 운동'에 돌입했다.

그런데 이 지점에서 우리는 설마 했지만 아주 놀라운 일들이 내부에서 일어나고 있다는 걸 감지한다. 이미 짐작은 하시겠지만 자유한국당과 일부 언론의 태도와 대응은 놀랍도록 아베 정부를 대변하고 있고, 그 지지자 그룹 또한 일반 국민 의식과는 전혀 동떨어진 모습을 보이고 있다.

정확히 대북 문제를 대하는 차이만큼의 인식 차이를 보이고 있다. 북한 문제는 북한 문제이고 일본은 일본이어야 한다. 이건 죽도 밥도 아니요, 철학은 없고 증오와 저주뿐이다. 이는 단순히 '반문재인 정권'를 넘어 대한민국을 무너뜨리기 위해서 아베와 손잡고 '국가 부도'마저도 열망한다는 항간의 소문이 그냥 소문처럼 들리지 않는다. 심지어는 오바마 시절의 밀월을 그리며 트럼프의 재선을 방해하여 한반도 평화와 번영을 좌절시키고, 남북의 영구 분단에 기생하려 하는 아베의 책략에 동조해야 자신들에게 손톱만큼의 입지가 생길 수 있다는 듯 드러내 놓고 일본에 적극 동조한다.

인터넷상에서는 아베 수상을 구세주와 의인으로까지 표현하는 게 넘쳐 난다. 표현 하나하나가 비굴하다. 해방 직후 0.1%의 친일파를 처단하지 못한 결과 그 100배가 번식해 있다는 느낌이다. 애시당초 해방 후 출발부터 민족이나 정체성과는 무관하게 탄생된 정파이니 그다지 놀라운 일은 아니겠으나 내걸고 있는 '보수'는 물론이고 '민족', '애국', '국적'마저도 불명해 보인다. 이 상황에서 이념과 정파가 어디에 있겠는가!

그동안까지는 남북문제 포함 국내 문제라는 테두리 때문에 그 사고와 인식이 다름과 차이를 어느 정도 인정하려 했다.

1633년 2월 늙은 갈릴레오는 로마의 종교재판에서 지동설로 유죄를 선고받는다. 지극히 진리였지만 배척당해야 했다. 소수의 반란이자 역사의 진보로 자주 회자되는 대목이다. 그런데 최근에 '지구는 네모나고 평편하다.'라는 설을 따르는 사람들의 인터넷 모임에 20만 명이나 활동하고 있다는 보도를 접한 적이 있다. 필자는 이들을 어떻게 설명할 수가 없다. 이해와 설명의 범위를 넘어서는 것은 한국의 제1야당의 황당한 대응도 마찬가지다. '국가를 지키는 데 보수가 앞장서라'는 한 다른 야당 의원의 외침이 공허하다.

  사드 보복에 전 국민을 통제할 수 있었던 중국과 아직도 군국 시대의 레밍처럼 정부에 지고지순한 걸 자랑(?)삼아 독재를 하고 있는 일본, 양국은 아직도 한국의 시민민주주의의 참모습을 간과하는 듯하다. 한국 시민사회의 자부심은 1962년 쿠바 위기를 맞고 있었던 당시 케네디가 이끌던 미국민의 자부와 긍지를 능가하고 있음을 일본이 이해를 못 하는 듯하다. 구태여 설명해 줄 필요는 더욱더 없어 보인다.

2019. 7. 14

당시에 온 나라를 하나로 뭉치게 했던 디자인 1917

과병(寡兵)은 능(能)히 중(衆)을 제(劑)한다
(No Japan 2)

살다 보면 언제부터였는지 모르게 몸에 체화되어서 어색하지 않은 체질과 사고, 습관들이 있다. 예를 들면 '나이가 많은 분들께는 우선 공경해야 한다.'라든가, '성직자는 모두 존경해야 한다.' 등 이외에도 수없이 많은 사례가 있겠지만 위 전제들이 틀렸다거나 반드시 맞다고는 할 수는 없다. 그것은 유교권 국가에서 태어나고, 모태 신앙이 있는 자가 아니더라도 이제는 보편화된 약속이자 상식이다.

그중에는 '미국은 항상 선하며, 한국은 약소국가이다.'라는 점도 그렇다. 한국을 지정학적으로 표현할 때마다 접두어로 갖다 붙이는 말 중에는 '극동의 조그만 반도', 또는 '주변 4대 강국'이라는 말을 붙이지 않으면 설명을 잇지 못하는 자료와 글들이 지금도 넘쳐 난다. 한국은 언제까지 '4대 강국 속의 작은 나라'여야 할까?

그 4대 강국을 누가 만들었나. 우리 자신들 스스로가 그렇게 했다는 생각이다. 또한 귀가 시리도록 '청산해야 할 식민사관' 이야기를 듣고 자랐다. 해방된 지가 언제인데 아직도 무슨 청산을 하겠다는 것인가. 머리 조아리고, 외우고, 시험지 답안 열심히 작성해 봐야 질긴 적폐가 사라질 일은 없었다. 시험지 정답과 현실은 다르다는 것까지 이미 꿰뚫고 답을 달았다.

'가르치는 세대'가 문제였다는 걸 이제야 확연하게 드러나는 세상이 된 것이다. 가정과 학교에서는 무조건 살아남는 기술만을 전달해야 했고, 그 기술자(학부모, 교사)들은 '모난 돌이 정을 맞고, 바위에 계란 치기다.'만을 주입시켰으며, 미국의 개척 정신은 위대하지만 한국인이 조금만 고개를 들면 허세 허풍으로 제 죽을 자리 찾는다고 핀잔이었다. 그랬으니 상대가 강한 듯하면 우선 무릎 꿇려 놨다. 손발이 다 잘려 나가도 죽는 자만 서럽다고 비굴을 몸에 체화해서 살아남는 기술이 지고의 가치인 양 가르쳐 왔다. 처절하게 씻어 내야 할 '내제된 식민 근성이자 절대 2등 국민 의식'이다.

나라의 인정 기준이 다르지만 현재 지도상으로는 237개국, 세계은행 기준 229개국, 한국 수출 대상국 224개국, 유엔 회원국 193개국이다.(2018) 민주주의와 시장경제가 안착된 OECD 회원국은 36국(2019)으로 한국은 1996년에 가입되었다. 당시 중진국에서 선진국이 되었다고 좋아했던 기억이 난다. G20(GROUP OF 20)라는 것이 1999년에 재무 장관 회의로 시작되어 2008년에 정상급 회의로 격상되어 매년 연례행사로 열린다. 물론 한국도 가입되었고, 이 20국가의 GDP는 전 세계 85%이다. 한국의 1인당 GDP는 32,770불로 29위이다. 이중 인구 5,000만 이상이며 3만 불 이상 국가로는 세계 8위이다. 미국, 호주, 독일, 프랑스, 영국, 일본, 이탈리아, 그리고 한국이다. 수출액 세계 6위, 수입액 세계 9위의 나라다.(2018년 말)

미국을 제외한 한국과 국경을 접하는 중국, 러시아, 일본만을 단순 비교하더라도 이제는 강대국과 약소국 사이가 아니다. 이들이 오히려 한국을 더 필요로 하는 시그널이 아주 많다. 실제로 그렇다. 필자가 1988년 일본에 연수 갈 때만 하더라도 경제의 제반 지표에서 한국의 딱 10배가 일본이었다. 이 시기 일본이 미국을 잡았다고 호언하다가 잃어버린 20년을 맞게 된 걸 기억할 것이다. 2018년 말 현재는 한국은 일본의 80%가 넘었다. 거의 대등하고, 의미 있는 분야에서는 한국의 도움이 필요하다. 또한 이 격차마저도 빠르게 좁혀지고 있다. 언제까지 약소국 타령인가, 냉혹한 국제사회에서 지나친 자기 비하와 겸손은 자칫 비굴이며, 경쟁력을 스스로 낮추는 자충수이다.

이런 상황에서 아베 정부는 일본 국내 선거판에 꺼내 들지 말아야 할 한국과의 역사 문제, 정치 문제를 꺼내 들었고, 일제 불매 상황을 맞고 있다. 아울러 전 세계의 '공공의 적'이 되고 있는 상황이다. 거둬들이려 해도 보통으로는 해결되지 못할 '제2 히로시마 원폭'을 자처한 것이라고 본다. 일본과 '한국의 일부'에서는 믿고 싶지 않겠지만 상황이 그렇다. 상황은 2년여 전 박근혜 전 대통령 탄핵 과정과 거의 '데자뷔' 된다. 또 그렇게 진행될 가능성도 아주 크다. 일부에서는 쌍방의 피해라고 초조해하는 듯한데 한국의 피해는 소수의 대기업들이고, 그들의 피해를 국민들이 지켜줘야 할 명분들도 크지 않다. 그들의 사내 유보금만도 엄청나다. 국가 경제성장률의 지체가 시민들과 얼마나 상관이 되는가. 일본은 달라도 한참 다르다. 그것도 계산하지 못하는 듯하다.

란체스터라는 영국의 공군 전략가가 2차 대전에서 독일과의 공중전에 적기가 몇 대냐에 따라서 아군기의 출격 대수를 결정하였다. 그는 1

차적으로 숫자가 많으면 우세하다는 것과 몇 대를 더 보내야 하는가를 계산해서 아군의 피해를 최소화하고 이길 수 있는 소위 '맞상대의 법칙'(란체스터 제1법칙)을 구사한다.

전쟁 중에 무기의 개발과 함께 비행사의 전투 능력이 전투에서 또 다른 변수로 작용된다는 걸 알았고, 이를 적용한 것이 제2법칙(집중, 확률의 법칙)이다. '집중하면 효과가 배가 된다.'

그런데 현재 한일 간의 문제는 제2법칙까지 갈 필요도 없다는 것이다. 한, 중, 일 3국의 시민 의식은 상당한 차이가 있다. 자율성, 주체성, 유연성, 역동성 측면에서 레밍(들쥐)같이 말없이 따르는, 또는 무관심한 일본 국민들과 사회주의 통제하의 중국 국민들과 비교했을 때 한국 시민들의 '집단 지성'은 세계 최고 수준이며, 미국에서조차 흉내도 못 낸다. '정예화된 소수는 흐트러진 다중을 이긴다. 과병은 능히 중을 제한다.'

총을 쏴야 전쟁인가? 이미 전쟁인데도 불구하고 목숨 걸고 독립운동은 아니래도 일제 불매 운동하고 있는 걸 거들지는 못할망정 '모두 엎드려야 산다.'라고 하는 것은 아마도 평생을 자기 주체마저 조롱하고, 비아냥만 하다가 생을 마치게 될 것이다. 지금 한국의 40대 이하는 각 분야에서 식민 피교육 세대와는 달리 '일본에게 져 본 기억들이 별로 없는 세대'라는 것만 상기해도 아주 조금은 이 사태를 이해할 것이다. '숫자가 많다고 반드시 이기는 것이 아니다.'

2019. 7. 26.

'지옥으로 가는 길은 선의(善意)로 포장되어 있다'
(조국 법무부장관 임명)

이것은 유럽의 유명한 속담이다. 누구나 내세우기로는 '선한 의지'로 어떤 일을 시작한다. 그가 비록 빵 하나를 도둑질했더라도 그렇다. 살아남기 위해서 어쩔 수가 없었지만 사람을 죽이지는 않았다. 그럴듯하다. 더욱 대표적인 것이 '구원 팔이' 사이비 종교들이다. 밖에 내어 걸기는 천국이 열릴 것처럼 요란스럽다. 이스라엘이 팔레스타인에 폭격하는 것도 '선의'로 해석하는 쪽도 있다. 일본군 장교로 독립군을 잡고, 쿠데타로 집권한 박정희의 행적도 선의로 믿는 자들이 아직도 있다. 자기 일방주의 자들이다.

광풍이 지나갔다. 조국 법무부 장관을 임명하는 데 말도 많았고, 글도 많았다. 뉴스는 더 많았다. 비슷한 경우에 비춰 봤을 때 거의 전무후무하다. '1개 국무위원 인사 검증'이라고 하기에는 터무니가 없는 일(?)들을 저질렀다. 거의 한 달간 112만 건이라는 뉴스 기사가 나왔다는 것은 하루에 평균 4만 건씩이다. 언론이 그렇게나 많은지도 의문이고, 무엇을 위해 그렇게 매달렸는지 정리해 보고 할 가치조차 별로 없어 보인다.

그들만의 '정의'를 '선의'로 포장한 대표적인 일이다. 임명하지 말라는 '항쟁'이고 '전쟁'이었다. 그 보도의 97.8%가 '의혹 보도'라는 분석이 나왔다. 사실 보도가 2.2%다. (민주언론 시민연합) 그런데 임명해 버렸다.

1519년 사약을 받은 조광조(趙光祖), 조광조도 학문과 덕이 높아서 사람들의 존경을 받았다. 주변의 시기가 심했으나 꿋꿋했다. 연산군을 처단하고 왕위에 오른 중종도 그를 깊이 신임했다. 정암(靜菴)은 폭군 연산군에게 간신 짓을 했던 이들이 눈치 빠르게 변신하는 걸 과감하게 골라낸다. 위훈삭제(僞勳削除) 사건이다. 그러자 그 시절의 적폐들은 소위 '주초위왕(走肖爲王)' 사건을 기획한다. 궁녀들을 시켜 밤중에 나뭇잎에 꿀로 글씨를 새겨 벌레들이 갉아 먹게 해서 주초(走肖), 즉 조(趙) 씨가 역모를 꾸미며 왕위 찬탈을 한다는 음모를 꾸민다. 유생들과 백성들이 조광조의 무죄를 백방으로 호소하였으나 조광조는 화순 능주에 유배되고, 요즈음처럼 반개혁 세력들이 상소를 해서 끝내 처형당한다.

그때로부터 딱 500년이 흐른 2019년, 가족까지 인질 잡힌 채 조국(曺國) 법무부 장관 후보자는 한 달 내내 날 선 칼날 위에 서야 했다. 이렇게나 데자뷔(Deja vu)를 이루는 역사의 아이러니도 극히 드물 것이다. 그런 흑역사의 반복은 이제는 끝낼 때이다.

이런 일들은 시대와 공간을 넘어 무수하다. 기원전 2세기에 로마 공화정 시대의 그라쿠스 형제(Gracchus)도 그랬다. 그들도 사후에야 로마의 '고결한 양심'으로 상징되지만 당시의 개혁에는 실패했다. 두 형제도 최고의 출신 배경을 가졌고, 호민관이 되어 빈민과 평민들이 더불어 잘 살고, 나라도 부강하게 하려는 선지자적 혜안으로 자작농을 육성하는 토지개혁을 단행했다. 보수 귀족의 반대와 저항으로 끝내 죽임을 당해 강물에 던져져 무덤조차 없다.

주어진 조건대로 살았다면 얼마든지 개인적으로 안락하고 평탄한 여생이 주어졌을 텐데도 그렇게 집단적으로 '강요된 침묵'을 거부했던 혁명가들의 노력들에 의해서 인류는 조금씩이나마 희망을 꿈꾸어 왔지만 이제 보니 아직도 멀었다.

역사에는 수많은 왕조와 왕들이 있지만 사후에는 특별할 것도 없는 장삼이사요 필부필부요, 초동급부(樵童汲婦)다. 그런데 그라쿠스 형제와 조광조의 이름은 남아서 이 글에서도 다시 살아난다. 멀리는 이순신, 가까이는 안중근, 김구, 김대중, 노무현, 노회찬 등 역사적 혁명가들을 길러내는 데 개인적, 국가적 비용은 환산이 불가능할 정도로 막대하다. 이는 돈과 노력만으로도 안 된다. 오직 역사만이 기억하는 일이다.

한 발 뒤로 물러서거나 조용히 침묵하거나 그들과 동고동락하지 않는 데 따른 린치는 상상을 초월했다. 그래서 대부분 굴복하고, 좌절해야만 했다. 그리고 악순환만 반복된다.

장관 하나 바꾸면 신세계라도 열릴 듯이 저렇듯 집요하다. 정말 이래도 되는 것인지 의심의 여지도 없는 듯하다.

뒤집어 보면 간단하다. 썩을 대로 썩어 버린 검고 깊은 커넥션, 기층 민중을 호도하고 삭탈해 온 판도라의 상자가 열릴 것을 두려워하는 이 땅의 '한 줌도 안 되는 적폐들'의 마지막 몸부림으로 밖에는 도저히 해석이 안 된다. 정의에 대한 질량의 척도를 전혀 다른 저울에 올려 놓고 그것이 '선의'임을 아무리 포장한다 해도 이미 그런 꼬임과 꼼수에 시리도록 훈련, 학습시켜 준 이들이 바로 그들 스스로였다.

'양심과 상식의 시대는 절대 저절로 오지 않는다.'

2019. 9. 19.

법은 멀고 주먹은 가깝다
(검찰 기소 독점주의)

 먼 옛날 시골 주막거리의 방담이 아니다. 현재 한국의 검찰에 대한 이야기요 틀림없는 사실이다. 키도 별로 크지 않았는데 그가 술을 처마시면 동네가 숨을 죽이고 조용했다. 덩치 큰 또래나 어른들도 있었지만 폭력 전과로 감옥 살고 나온 이자 근처에는 미리 피해 버렸다. 언젠가 술 먹고 누군가에게 시비하다가 안 죽을 만큼 얻어터져서 잠잠해지나 싶었는데 밤낮없이 낫을 들고 때린 사람 집을 서성거리니 할 수 없이 지서에 신고하고 붙들려 가서 거기서도 난동을 부리다 결국 감옥살이를 하고 나와야 했다. 감옥 갔다 온 뒤에 고쳐지기는커녕 사람 쳐다보는 살기(殺氣)에 이사 가는 사람들까지 생겼다. 그 동네에서는 법도 필요 없고, 그를 제압할 그 누구도 없었다.

 '짜장면이 아니고 한식이다.'
 문재인 대통령은 민족적 숙원인 '번영과 통일'을 위해 북미 관계 개선과 한반도 평화를 위해 UN에서 연설을 하고, 트럼프 미 대통령과 정상회담을 하고 있는 그 시각에 국내 언론들의 제목은 짜장면 타령이었다.
 새로 임명된 조국 법무부 장관 아들의 7년 전 고등학교 2학년 시절의 인턴 서류(?) 진위를 확인하러 검찰은 자신들의 직속상관이며, 현직 법

194

무부 장관의 집에 사상 초유의 압수수색을 한다. 법무부 장관이 출근한 걸 확인한 수사관들은 몸이 불편한 부인과 생일을 하루 앞둔 딸이 지켜 보는 앞에서 무려 11시간 동안 압수수색을 한다. 같은 시각에 22살 아들 은 검찰에 불려 가 16시간 조사를 받고 있었다. 중국집에서 배달 음식이 들어간 걸 언론에서 '짜장면 배달'이라고 하자 검찰에서 하는 반박이라 고 내놓는 게 '짜장면이 아니다. 한식이었다.'라는 것이었다. 이 얼마나 궁색하고 구차한가. 차라리 대응을 말든지….

문재인 정부는 전 박근혜 정권의 청와대 비선에 의한 국정 농단과 이 의 뒤처리에 대한 적폐 청산을 숙명으로 출발했다. 선언적 의미로나마 그 중심에 '사법 개혁, 검찰 개혁'도 있었다. 그러던 지난 7월 2일 일본의 아베 정부는 한국에 대해 거의 일방적인 경제 보복 조치를 단행한다. 일 본에 대해서는 국가 차원의 과거 역사적 사건에 대한 미정리 상황들이 아직 남아 있는데도 불구하고 거꾸로 이렇게 되자 전 국민적 일본 제품 불매로 커지기 시작한다.

그러자 느닷없는 일이 벌어진다. 그동안 숨죽이고 있던 국내의 친일 학자들을 중심으로 가히 상상도 못 할 반민족적 발언들이 수면 위로 드 러나고 노골적으로 친일 발언들을 쏟아 낸다. 국민들은 경악한다. 왜 친 일 적폐 청산이 필요했는지를 국민들이 여실하게 알게 된 것이다.

이번의 검찰 개혁도 마찬가지다. 온순한 국민들은 나쁜 짓 않고 죄짓 지 않고 살면 되는 것이라고 지고지순했다. 죄를 지었으면 그걸 수사하 고 기소를 한다 한들 그 수사권, 기소권이 누구에게 있건 무슨 상관이랴.

그런데 분명 죄를 지었는데도 돈 있고 배경 있으면 처벌을 못 하는 걸 보면서도 세상인심이 그러려니 하면서 더 악착같이 돈 벌어서 자식들 가르치고, 출세시키지 못한 걸 자신의 탓으로만 오그리면서 살아왔다.

그런데 그게 아니었다. 죄를 벌할 것인지 말건 지, 설령 죽을죄를 지었다는 게 명백함에도 처벌 절차조차 진행을 안 해 버리면 도리가 없고 (기소편의주의), 또한 이것도 오직 한곳, 검찰에서만 하도록(기소독점주의) 만들어 놓아서 어느 누구도 검찰에 대해서는(대통령조차도) '너 왜 그러냐?'를 따지지 못하게 되어 있다.

더 나아가서 어느 특정인을 고의로 죄인 만들려고 온갖 권력(?)을 휘두르며 검찰 개혁에 항거하는 노골적인 장면들이 연일 국민들 앞에서 이어지고 있다. 한 가지 죄를 찾아내지 못하면 의심 나는 곳, 주변의 의심 나는 사람들 모두를 수사하고 압수수색하는 걸 적나라하게 보여 주고 있는 것이다. (별건의, 별건의, 별건 수사)

관련 있다는 학교, 지인, 근무처, 가정 70여 곳을 탈탈 털고 50여 명의 지인들에게 영장을 청구하고 발부하는 촌극으로 2개월간 나라를 혼란에 빠뜨리면서 대한민국 사법 적폐의 모든 것을 스스로 보여 주고 있다. 검찰은 조국 법무부 장관에 대한 대통령과 입법부의 국무위원 임명에 끼어들 문제가 애초부터 아니었다.

대한민국 헌법 제1조 2항 대한민국의 주권은 국민에게 있고 모든 권력은 국민으로부터 나온다. 그렇지만 여전히 '법은 멀고 주먹은 가깝다.' 멀쩡하게 법복을 입고 생사람 간첩 만드는 것은 길어야 6개월이요, 이 진실을 밝히려면 족히 30년은 걸려야 했다. 선거법 위반 국회의원은 임기가 다 지나가도록 대법원 판결이 이루어지지 않는다. 법원 문턱도 가 보기도 전에 언론과 결탁해서 대역죄인을 만들어 버리는 이들이야말로 동네 양아치보다 못한 집단이다.

이 얼마나 허허로운 세상인가. 그리고 착하고 서러운 국민들은 이런 지경에 과연 세상천지 누구에게서 위로를 받고 살아가야 할까? 현직 법무부 장관 가족들마저 저렇게 하고 있는데 말이다.

2019. 9. 29.

지도 편달(鞭撻)을 바랍니다
(공수처 여론)

구두쇠가 종에게 빈 술병을 주면서 '술 사 오너라.' 하자, 종이 '돈도 안 주면서 어떻게 사 옵니까?' 했다.

그러자 구두쇠가 다시 '돈 주고 술 사 오는 건 누군들 못 하겠냐, 돈 없이 술 사 와야 비범하지.'라고 말하자

말없이 나간 종이 빈 술병을 주인에게 내밀었다.

주인이 말했다. '빈 술병으로 어떻게 술을 마시느냐?'

종이 대답했다. '술 가지고 술 마시는 것은 누가 못 합니까, 빈 술병으로도 술을 마셔야 비범하지요.' 탈무드에 나오는 이야기다.

콩 심은 데 콩 나고 팥 심으면 팥 난다. 솔선은 지도의 으뜸이다.

요즈음에는 듣기 힘든 말 중에 '여러분들의 지도 편달을 바랍니다.'라는 말은 예전의 공사석 취임사에서는 거의 빠지지 않았다. 편달(鞭撻)의 편(鞭)은 채찍 편이오, 달(撻)은 매질을 하다는 뜻이다. '채찍으로 종아리를 쳐 달라'는 의미로 해석되는 말이다.

결론부터 말하자면, '고위 공직자 비리 수사처'(이하 공수처)가 필요가 없는 사회여야 맞다. 건국한 지가 100년이 지났고, 그동안 헌법이 몇

번이 바뀌었다. 헤아릴 수 없이 많은 법률, 법안이 만들어졌는데 그걸 잘 지키면 되는 것이다.

2019년 1월 10일 공수처 설치 국민 여론 조사 76.9%(반대 15.6%) 대체로 80% 이상의 국민들이 찬성을 했다. 조국 사태 이후인 10월 29일 같은 여론 조사에서는 찬성이 65.2%(반대 23.8%)가 되었다. 조국 전 장관이 비리가 있다면 더욱 이법의 필요성이 점증되어야 맞다.

아들이 세 살쯤 되었을 때 이야기다. 한국에 88 올림픽 이후로 자가용 시대가 막 도래해서 주말이면 가족들과 근교로 나들이 하는 게 흔할 때이다. 이제 막 말을 배우는 아들이 '저게 뭐야?'라고 물었다. '소나무.' 하고 엄마가 답해 줬다. 그런데 한참 지난 후에 엄마와 차를 타고 가던 아들이 높은 송전탑이 보이자, '소나무.' 하는 것이었다. '그건 소나무가 아니고 송전탑이란다.' 설명할 겨를도 없이 아들은 줄지은 송전탑마다 '소나무, 소나무, 소나무.' 하는 것이었다.

그리고는 상당한 시간이 지나서 학교에 입학해서 글을 익히는데 송전탑을 소나무로 알고 있다는 것에 깜짝 놀랐던 기억이 있다. 아들은 송전탑이 무엇이냐고 물었는데, 엄마는 소나무를 물은 걸로 알고 답했던 것이다. 달을 가리켰는데 손가락이라고 한 것과 같은 '인식 부조화'이다.

국내외적으로 개혁과 민족 번영이 눈부신데도 한쪽에서는 경제가 폭삭했고, 나라는 내일모레면 곧 없어질 듯이 하늘 향해 두 팔 벌리고 구국의 합창(?) 소리 요란하다. 불안에 익숙해지면 평화가 어색한 것인가,

세 살짜리가 전봇대를 소나무라고 소리 지른다면 애교라도 있다. 국

회의원이 미국에까지 건너와서 '북미 회담을 총선 전에는 하지 말아 달라'고 한다든가, 주한 미대사에게 '종전 선언하지 말아 달라'고 하는 국회의원까지 나왔다. 이들은 한결같이 고위 공직자비리수사처(공수처) 신설도 반대한다. 현행법으로도 얼마든지 부패 수사가 가능하다는 것이 이들의 주장이다. 필자도 일부 수긍이 가기도 한다.

공수처 수사 대상자는 5천만 국민이 아니고, 우리 사회의 최상층을 이루는 지도자급 7천여 명의 범죄를 담당하자는 것이다. 그중에서도 판사, 검사가 6천여 명이고, 야당 의원 100여 명을 제외하면 현 정부의 고위 공직자들이 그 대상이다. 스스로 부패와 전횡의 고리를 끊겠다는 것이고, 자기가 맞을 매를 스스로 만들겠다는 것이다.

그런데 이게 거짓말이라는 것이다. '정치적 사건이나 권력기관 비리에 대한 공정한 독립된 사법기관의 설치 필요성을 절감하고 있다.'(1998/9/23, 한나라당 이회창 총재)

그 뒤로 20여 년간 줄기차게 공수처의 필요성을 주장한 사람들은 역설적이게도 지금 반대하고 있는 그들이었다. 사람은 모두 자기의 경험과 기준으로 상대를 보기 때문에 독재를 경험하고, 그에 부역한 사람들은 모든 걸 독재로 보고, 독재의 연장으로 보려 한다. 군사독재의 어두웠던 중앙정보부, 보안사령부의 흑역사를 걷어 내고 나니, 그들의 대신하면서 적폐를 이어받으려고 '최후의 발악'을 하는 세력들과 국민, 숫자적으로야 비교가 안 되는 것이지만 어쩌면 이 글이 마지막 기우가 될 것이라는 생각이자 기대이기도 하다.

20년 전, 70년 전, 아니 100년 전의 생각으로 되돌아가기도 어려울 건데 가상하다고 해야 하나, 독특하다고 해야 하나, 같은 나라에서 세금 내고 살면서 '평범과 비범의 차이가 그렇게까지 클 필요가 있겠는가!!'

2019. 12. 9.

2020년

아시타비(我是他非)

"나는 옳고 너는 틀리다?"

공포와 탐욕 지수
(코로나바이러스)

주식시장에는 공포와 탐욕 지수(Fear & Greed Index)라는 것이 있다. '주가는 귀신도 모른다.' 그냥 속설이 아니다. 때로는 원숭이가 무작위로 찍는 투자 종목보다 못한 수익률이 부지기수니 그렇다. 투자자들은 '공포와 탐욕'이라는 두 감정에 흔들린다. 너무 많은 공포는 주식을 적정선 이하로 끌어내리고, 탐욕스러워지면 주가는 필요 이상으로 올라 버린다. 어떤 감정에 투자자가 반응하는 지를 가지고 조장하고, 조작도 하는 게 주식시장이다.

비슷한 예로 불안 심리 판매(Risk Marketing)라는 것도 있다. 비관론이나 절망감을 상품화하는 것이다. 이들에게는 불투명성이 호재이고, 불안감 조장이 그 기법이다. 학교에서 배워 보지도 않는 문제를 숙제로 받은 학부모들이 학원으로 달려가지 않으면 안 되게 하는 것, 그래서 사교육 시장이 필요 이상 커진다. 100세 인생을 강조할수록 노후 불안은 커지게 되고 금융자산 관리 회사로 돈 들고 찾아오게 만드는 것들이 그것이다.

1월 20일, 한국 내에서 신종 바이러스 확진 환자가 최초로 보고되었다. 신종 바이러스 진원지로 밝혀진 중국의 허베이성 우한 지역이 전면

봉쇄되자 한국은 자국민 8백여 명 중 자원 귀국자 700여 명의 본국 수송을 추진하여 아산, 진천에 있는 국가 시설에 무사 격리시키는 '국가적 사명'을 보였다. 재외국민 수송 편에 중국 당국에 200만 개의 보호 마스크를 제공했다고 한다.

국내 최초 확진자 발표 17일이 경과한 2월 6일 현재 확진자 23명, 사망자는 없다. 확진자 중에는 완치자가 나와 퇴원하고 있다. 비슷한 경험으로는 2015년 중동 사우디에서 발병한 메르스가 한국에 전염되어 186명이 감염, 38명이 사망하는 일이 5년 전에 있었다. 중국은 인구 1,100만 거대 도시인 우한시를 봉쇄하고 시민 스스로 자가 격리와 구획 봉쇄를 하고 '우한 힘내자.'라며 맞서고 있다. 1천 개 병상의 임시 병원을 10일 만에 완공하고, 2,600병상을 2주 만에 완공하며 역병과 눈물겹게 맞서 싸우고 있다. 순간 고국의 어느 지방 도시라고 생각되니 응원과 격려를 보내게 된다. 이는 인류 공동체로서도 당연한 처사다.

최근 한국인의 정치 성향 조사를 보면 중도진보(27.1%) > 중도보수(19.8%) > 진보(18.1%) > 보수(15.9%)로 나타났다. 이를 대별하니 범진보(45.2%), 범보수(35.7)이다. (데일리안, 2/5), 같은 날 발표한 신종 코로나 문재인 정부 초기 대응 '잘하고 있다'(55.2%), '잘못하고 있다'(41.7%). (리얼미터, 5/5) 전혀 돌발적인 상황인데도 유의미한 상관관계가 있어 보인다. 여의도 국회에서나 볼 수 있는 무조건 지지와 반대가 일반 국민에게서도 그대로 볼 수 있는 것이다. 탐욕의 여파다.

2011년 일본 동부 지역에 대형 지진이 발생했고, 해일이 일었다. 사망자가 수만 명 나왔다. 시간이 지났지만 상처가 깊다. 후쿠시마 원전 폭발로 방사능 오염이 아직도 심각하게 계속되고 있다. 아베 정부는 무슨 생각에서인지 사고 2년 후인 2013년에 느닷없이 '2020 도쿄 올림픽 유치'에 열을 올리고 이를 성사시킨다. 그런 2020년이 벌써 되었다. 객관적으로 문제가 엄청나게 많은데도 불구하고 일본 언론은 물론이고 세계까지(?) 조용하게 만드는 듯하다. 거대한 탐욕이 작용하고 있다.

미국 질병관리본부(CDC)의 발표(2020/1/31)에 의하면 2019년 하반기부터 발병한 독감(?)으로 인해서 1,900만 명이 발병하고, 18만 명이 입원, 10,000명이 사망했다고 한다. 세계를 향해 우쭐하는 미국에서 일어난 일이라고는 아무도 눈치(?)채지도 못할 정도다. 이는 중국 신종 코로나의 전염자 전파 속도, 치사율 등과는 비교가 되지 않는다. 이는 어느 중형 국가의 국가적 재난 이상이다. 그런데도 낸시 메소니에(CDC소장) 박사는 '국민들이 마스크를 착용하는 것을 권장하지 않는다.'라고 말한다. 반면에 거의 실현마저 불가능할 것 같은 이란과 북한의 핵 공격 가능성을 30여 년간 세세연년 필요 이상으로 증폭시키고 있다. 역시 탐욕이 상존함을 여실히 보여 준다.

현실적 공포 앞의 중국은 당장 힘들다. 한국은 최대 교역 국가인 중국과의 사이에서 국가 경제적 총화가 절실할 때이다. 일부 일탈된 탐욕가들의 과장된 공포도 건강한 시민 정신 앞에서는 오히려 사태를 제대로 마무리하는 길을 도와주고 있다고 본다.

'편향에 솔깃하지 않는 냉정함'은 탐욕 극복의 지름길이다. 이것은 언론 자유 지수와도 무관치 않다. 아무리 악담, 괴담과 불안감을 조장해도 진실까지를 호도할 수는 없다. '실체적 진실'에 바탕하여 과장과 왜곡 없이 국민을 개도할 언론의 역할이 지대할 때이다. 시민의 지적 성숙도를 전혀 알 길이 없는 탐욕은 궁극에는 신종 바이러스와 함께 사라지고 사회는 건강을 다시 회복할 것이다. 진실은 반드시 승리한다.

2020. 2. 7.

매릴랜드 한인 사회를 위한 제언
(한인타운 조형물 건립)

나는 한국에 가서 누군가 '미국 어디에 사느냐?'라고 물으면 매릴랜드 어디라고 하지 않고 '워싱턴 D.C'라고 말한다. 나만 그런지 모르겠지만 짧게 그런다. 2003년 이민 온 뒤로 몽고메리 카운티에서 9년, PG 카운티에서 6년, 그리고 현재는 엘리컷 시티가 있는 하워드 카운티에서 3년째 살고 있다. 각종 통계에 따르면 워싱턴 메트로 지역의 한인 동포 사회는 미국 내에서 4번째 규모를 자랑할 정도다. 그런데 2008년 이후 한인 이민 인구는 더 이상의 유입은 정체되고 오히려 감소하고 있다고 생각한다. 이민 세대의 노령화 및 자연 감소가 이제는 일상이 되어 버렸다. 워싱턴 메트로 한인 이민 역사도 더 늦기 전에 정리해 둘 필요를 개인적으로 느끼지만 개인으로서는 어려운 일이다. 만약 '어떤 공간'이 주어진다면 가능할지도 모르겠다.

처음 이곳 매릴랜드 락빌의 아파트에 이사를 와서 직장을 알아보고, 아이들 학교에 등록시키고, 주변을 익히고, 교회를 나가면서 듣고, 보고 느꼈던 한인 동포 상권은 몇 개의 거점들이 흩어져 있었다. 버지니아의 경우는 아무래도 이민 초기에는 직장을 쉽게 구할 수 있었던 D.C와 인접한 알렉산드리아, 폴스 처치 세븐 코너에서 애넌데일로 상권이 통합되었다가 2000년 이후에 지금의 센터빌로 양분되기 시작하였다.

매릴랜드의 경우는 더 다양하고 광범위하게 나뉘어져 나갔다. 매릴랜드 대학 유학생 중심의 실버 스프링, NIH(미 국립 의료원) 파견 학자 중심의 베데스다, 락빌 지역, 그리고 볼티모어 외곽의 글랜버니, 타우슨 지역 등에서 엘리컷 시티로 재집결하는 양상을 보인다. 지금도 로컬 곳곳에는 초기 한인 상권의 흔적들이 조금씩 남아 있기는 하지만 대체로 매릴랜드 경우 현재는 엘리컷 시티로 집중되고 있다.

지금 상당한 기대와 호응 속에서 한창 진행, 추진되고 있는 'MD 한인 조형물' 설치 캠페인에 개인적으로 참여하려던 차에 이런 제안을 하게 되었다. 현재 매릴랜드 한인회 회관과 조형물 캠페인을 잘 융합하여 보다 많은 한인들이 소통할 수 있는 '새 한인회관'을 구입할 것을 정중하게 제안합니다.

모든 일에는 순서도 있고, 절차도 있고, 수많은 방법론도 있을 수 있다. 또한 우선 쉬운 일부터 하고 나서 다음에 생각하자고도 할 수 있다. 그리고 사실 경쟁적으로 비칠까 봐 조심스럽기도 하다. 북버지니아와 볼티모어는 지리상 50마일 이상의 거리이다. 이는 서울-천안, 대구-부산, 광주-전주만큼의 거리이다. 때마침 버지니아에 최초로 한인회관의 오픈이 임박하는 경사스러운 일과 함께 조금만 생각을 바꾼다면 매릴랜드에도 순수 한인들의 노력으로 규모와 실정에 맞게 조형물보다는 한인회관 구입이 가능할 것이라는 판단이 들기 때문이다.

몇 해 전 아는 분이 작고하면서 유언에 따라 풍장(風葬)을 했는데 필자는 선뜻 받아들여지지가 않았다. 추모할 대상물 없이 화장해서 바람에 날려 버린 뒤의 허탈감과 허무함을 보면서 한참 동안 우울했었다. 몇 년도 지나지 않았는데 참으로 현명했다는 생각이 든다. 매릴랜드 한인 동포 사회도 금방 그런 미래 상황이 닥칠 것은 자명하다. 한인회들이 여럿 있지만 그 실속과 내면은 점점 공허해지고 있는 현실은 모두 다 인정하고 있는 것만 봐도 그렇다. 알다시피 메트로 한인 타운에 변변한 연회 식당들이 거의 없어지고 있다. 행사를 치를 만한 편한 장소도 별로 없다. 또한 지난해 말에 수십 년 이어 오던 '볼티모어 한인회'는 간판을 스스로 내렸다. 각 한인회들의 속사정을 잘 모르지만 이런 일들이 무엇을 의미하는지 주목해 봐야 한다. 그동안 이민 역사가 발전하면서 자연발생적(?)으로 생겼던 한인회들을 더 늦기 전에 하나로 통합 정리하고, 그동안의 역사를 잘 보존할 필요가 있는 것이다.

사실 매릴랜드 한인 동포 사회는 1890년 미주 한인 최초 대학 졸업생 '변수(邊燧)' 선생이 유학했던 유구한 이민 역사와, 모두에 언급했듯이 수도 워싱턴과 가장 가까운 매릴랜드 주립대, 세계적인 존 홉킨스 병원, 피바디 음대, 국립 의료원(NIH) 등을 중심으로 성숙한 초기 이민 세대들의 노력으로 조용하지만 알찬 협력과 봉사를 자랑해 왔다. 거기에 한국 사위가 주지사를 연임하고 있고, 2명의 자랑스러운 2세 주하원의원을 보유하고 있다. 생각과 지혜를 모으고, 조금씩만 이해관계를 양보하고 배려한다면, 갈수록 줄어드는 이민 1세들이 함께할 공간과 함께 뒷감당이 안 될 것처럼 보이는 한인회들을 하나로 묶고, 수고했던 각 한인회의 역사와 자료들을 잘 보존할 '절호의 기회'가 될 수도 있겠다고 생각해서 감히 이런 제안을 드리게 되었다.

수고하시는 분들께 누가 되지 않았으면 하는 마음이다.

2020. 2. 25.

엘리콧시티 코리아타운에 설치된 조형물 준공식 장면, 유미 호건 주지사 영부인,
이수혁 주미한국대사 내외가 보인다, 2021년 10월 9일

'호박에다 말뚝 박고'

 판소리는 요즈음처럼 놀이 문화가 발달하기 전에 그 시대의 지혜와 해학, 풍자, 한(恨)을 예술로 승화시킨 종합예술이었다. 봉준호 감독의 영화 〈기생충〉과 방탄소년단(BTS) 등 한류의 뿌리도 판소리라고 생각한다. 불과 250년 전의 일이다. 판소리의 음악적 특성 중에 개면조(界面調)는 '얼굴이 일그러진다.'라는 뜻으로 가장 슬픈 대목들에서 주로 나타난다. 특히 〈심청가〉에는 이런 슬픈 대목이 많은데, 그런 슬픔 가운데에서도 더욱더 오장을 긁어놓은 장면이 있다. '뺑덕어멈' 장면이 그것이다. 그 대목을 살짝 들여다보자.

 (아니리)
 심봉사가 딸 심청을 남경장사 선인들께 떠나보내고 낮이면 강두에 가서 울고 밤이면 집에 돌아와 울고 눈물로 세월을 보낼 제 그 마을 사는 묘한 여자가 하나 있으되 호가 뺑파것다. 심봉사 딸 덕분에 전곡 간이 있단 말을 듣고 놀고먹을 요량으로 동리 사람들 모르게 자원 출가했던가 보더라. 이 급살 맞을 뺑파가 어떻게 먹성 질이 좋던지 불쌍한 심봉사 가산을 꼭 먹성으로 조지는데

(자진모리)

쌀 퍼주고 떡 사 먹고 밥 잘 먹고 고기 잘 먹고 고기 사
먹고 벼 퍼주고 술 사 먹고 이웃집 밥 부치기 동인 잡곡 욕
허고 초군들과 싸움허기 잠자며 이 갈기와 배 끓고 발 털고
한밤중 울음 울고 오고 가는 행인 다려 담배 달라 실낭허기
술 잔뜩 먹고 정자 밑에 낮잠 자기 힐끗허면 헬끗허고 헬끗
허면 힐끗허고 삐쭉허면 빼죽허고 빼쭉허면 삐죽허고 남
의 혼인허려 허고 단단히 믿었난디 해담을 잘 허기와 신부
신랑 잠자는디 가만가만 문 앞에 들어서며 불이야 이놈의
행실이 이러허여도 심봉사는 아무런 줄 모르고 뺑파한테
빠져서 나무칼로 귀를 외어가도 모르게 되었것다.

이런 심청가의 '뺑파'를 뛰어넘는 해코지로 '남자 뺑파'가
'흥보가'에 등장하는디, 바로 '놀부'렸다. 놀부의 '심술 타령'
으로 얼른 넘어가 보자.

외상 술값 억지 쓰고, 다 큰애기 무함 잡고, 초란이 보면
딴 낯 짓고,

의원 보면 침 도적질, 거사 보면 소고 도적, 지관 보면 쇠
감추기,

산 거름 길에다 허방파기, 미나리꽝에 소 몰고, 고추밭
에 도리깨 치기,

옹기전에 말달리고, 혼사 받은 처녀 겁탈하기, 비단 전
에 물총 놓고

호박에 말뚝 박고, 늙은 호박에 똥칠하고, 똥 누는 놈 주

저앉히고,

　우는 어린애 똥 멕이고, 새 암질에 허공 파고, 애 밴 부인

배통 차고……, 그놈의 심술 타령은 끝도 없이 이어진다.

　'코로나-19'로 세상이 난리다. 좀 엉뚱한 일이기는 하지만 요즈음 세계 언론의 관심은 온통 '한국'이다. '경제를 포기하지 않고 코로나19를 막은 유일한 나라는 한국뿐이다.'(2020/3/23, 뉴욕타임즈) 뉴욕타임즈는 이날 '한국은 어떻게 바이러스 확진을 막았나'라는 특집 보도 첫 문장에서 '수치만 봐도 전 세계적으로 유독 한 나라가 눈에 띈다. 바로 한국이다.'라는 한마디로 비교 불허의 한국의 코로나 대처 상황을 함축해 버렸다.

　같은 날 트럼프 미 대통령은 한국의 문재인 대통령과 통화에서 '의료 장비 지원'을 요청했다. 미 대통령이 한국에 도와 달라고 한 것이다. 아마도 양국 간에 이런 일은 처음 있는 일일 것이다. 1996년, 한국이 OECD에 가입하자 '국운'을 떠올렸다. 2018년, 5030 클럽(인구 5천만, 3만 불)에 진입한다. 이는 세계 7대 강국을 의미한다. IMF는 2020년 대한민국을 '선진국'으로 분류했다.

　그런데 정작 코로나19가 터지고 보니, 국가 시스템, 공무원, 의료 체계, 시민 의식, 정보의 투명성에서 기존 선진국의 시각에서는 한국은 벌써 '이상한 나라'(?)가 되어 있었다. 지구상에 '사재기'가 없는 유일한 나라, '코로나를 잡으러 다니는 나라', 그 다음 이야기는 생략한다.

　뺑덕어멈은 주로 손안에 있는 걸 제 맘대로 했다면, 놀부는 숫제 '남

잘되는 꼴을 못 보니', 그런 심통 면에서는 뺑덕네와는 단수가 한참 다르다. 놀부에게는 동태 형제 홍부마저도 당연히 '남'이어야 했고, 심지어 내외지간도 각자였다. 자신 외에는 없다. 넓은 세상이 너그럽게 눈감아 줘서 그렇지 한국 코로나19 극복의 세세한 면들을 들여다보자면 일부의 끝도 없는 '놀부 타령' 때문에 멀리 떨어져 있는 내 낯이 화끈거린다. 말뚝은 호박에다 박기도 힘들다. 옆에도 한번 박아도 보고, 그래서 울타리도 좀 되어 주면 보기에도 참 좋겠던데, 그걸 깨달을 위인들이면 좋았겠지만 그럴 턱이 없을 것이니 자식들이 배울까 봐 놀부에게는 자식을 주지 않았던 우리 선조들의 지혜가 놀랍다.

나라가 선진국이면 국민도 선진 국민이 된다. 선진 국민 되는 게 배아프면 이게 바로 '놀부 코로나'이고, 코로나19보다도 더 무서운 한국병일지도 모른다. 코로나와 같이 사라졌으면 참 좋겠다.

2020. 3. 25.

황성(荒城)옛터에 월색(月色)만 고요해
(태영호 강남에서 당선)

'한국은 무엇이 가능한지 전 세계에 보여 주고 있다.'

영국의 BBC 방송은 코로나 팬데믹(Pandemic), 전염병 최고 위험 단계 상황에서 전 세계 47개국이 선거를 잠정 중단, 연기한 가운데 유일하게 총선을 치룬 한국의 총선 투표 행렬을 보여 주면서 그렇게 전했다.(2020/4/15) 그 외 CNN 등도 많다. 사실 세계 어디나 정치인들은 어쩌면 코로나보다도 선거에 더 관심이 클지도 모른다.

1등은 두주무로(頭走無路)다. 맨 앞에서 달리는 사람은 길이 없다. 그가 가는 곳이 길이고, 그가 가고자 하는 곳이 길이 된다. 2019년 말부터 시작된 코로나가 불과 3개월여 만에 전 세계적으로 확산되고 있다. 코로나19가 한창 진행 중인 상황에서 보면 어느 나라가 '위기 대처 능력'이 최고인지 금방 확인된다. 한국이 세우면 그것이 정답인 세상에 살고 있다. 현재 미국에서 느끼는 한국의 대응은 그 차원이 한참이나 다르다.

이런 가운데 제21대 국회의원 선거가 진행되었고 66.2% 투표율은 28년 만에 최고라고 한다. 집권 더불어민주당이 180석을 넘었다. 상대 야당인 미래통합당은 104석에 그쳤다. 총선이 끝나면 여러 가지 정리해 둘

게 많다. 거대 여당이 된 더불어민주당은 승리에 대한 미담은 사라지고 숙연하다.

거슬러 보면 17대(2004)에는 야당이 힘없는 대통령을 탄핵(노무현)으로 밀어붙이다 역풍으로 열린우리당은 152석을 얻었지만 힘 한 번 제대로 써 보지도 못했다.

그다음 18대(2008) 총선에서는 당시 야당(한나라)과 범보수가 212석으로 범진보(민주+민노)의 88석의 2배가 넘고 개헌도 마음대로 할 정도였다. 당시 민주당은 곡소리조차 내지 못한 채 2008년 말에는 정권까지 내준다. 오만해진 그들은 다음 해(2009/5/23) 노무현 대통령을 죽음으로 내몰았다. 그리고 나서도 거의 10년이 지났건만 아직도 그 죽음을 가지고 희롱 힐난하는 것이 일상사다.

그 7년 후에 세월호 사건(2014/4/16)이 난다. '역사적인 사건'의 뒤처리는 지나치리만큼 피해자의 입장에서 처리가 된다 하더라도 '그 피해 사실이 원상 복구가 불가능하다.'라는 것을 항상 염두에 두지 않으면 안 된다. 그런데도 가해자 쪽에서는 실제 피해 당사자들에게 아직도 '정치적 이해관계'에서 여전히 벗어나지 못하고 묶여 있는 듯하다.

차명진의 세월호 막말은 그걸 대변하고 있고, 그 발언 이후에 그에게 후원금이 넘쳐 났다는 것은 차라리 희극이다. 그것에 대한 국민들 답변의 일부가 이번 총선의 결과다.

'황성 옛터에 밤이 되니 월색만 고요해, 폐허에 서린 회포를 말하여 주노라, 성은 허물어져 빈터인데 방초만 푸르러, 세상이 허무한 것을 말하

여 주노라.'

1928년, 전수린 작곡, 왕평 작사, 이애리수(1910~2009)가 부른 가요다. 당시 개성 공연 때 작곡된 노래로, 옛날에는 찬란했으나 현재엔 그 흔적조차 없어지고 폐허가 된 고려의 만월대를 보고 얻은 감명을 소재로 하였다. 따라서 곡명의 황성도 황실의 궁궐인 皇城이 아닌 황량해진 성이라는 荒城이다. 왜색풍 노래라는 설도 있었지만 일제 때는 금지곡이 되기도 했었다. 박정희 전 대통령이 즐겨 부르니 일제 패망이나 경주를 떠올리는 이들도 있다. 누가 부르든 염세 패배주의, 복고주의적 성격의 노래이다.

민초들은 항상 짓밟혀 살아왔기 때문에 선거에서 집권 세력의 변동에 대해 상대적으로 무덤덤하다. 엘리트 그룹들은 좌절을 겪으면 다른가 보다. 엘리트 의식, 엘리트 정신은 역사에서 중요하다. 일제하의 독립운동도 그런 선비들의 엘리트 운동이었다. 그것이 엘리트의 역할이고 사명이다. 겉은 엘리트 같은데 그 반대도 많다. 선민의식(選民意識)이나 어쭙잖은 우월의식이 그것이다. 대체로 세상이 어떻게 변하는지를 가장 뒤늦게 안다. 영화 〈마지막 황제〉에서 그런 장면들이 짙게 그려진다. 이번 선거에서 그와 비슷한 장면을 '강남 선거'에서 보았다.

부와 권력에 있어서 서울의 강남은 대한민국의 상징적 지역이다. 태구민(태영호) 전 조선노동당 외교 행정위원이자 주영 공사였던 그가 친가와 처가(오극렬 중앙군사위원) 등이 평양의 고위직에 현역으로 당당한데도 이번 총선에 대한민국의 심장 강남 지역 국회의원으로 공천을 받고 당선되었다. 70년대 '적대적 공생'의 실제가 재현된 역한 느낌을 지울 수 없다.

이 해프닝은 지면상 따로 다룰 게 너무나 많지만 한마디로 '치졸의 극치요 국가적 망신이다.' 지금이 어느 시대라고 마치 '반상(班常)의 도(道)'나 만지작거리면서 마치 상놈들의 세상이라고 비아냥거리듯 이런 해괴(駭怪)한 고상(高尚)을 떠는가. 미안하지만 그래 가지고는 그들만의 그렇고 그런 세상은 영원히 다시 오지 않을 수도 있다. 차라리 노래 속에서나 애환을 달래 보는 편이 나을 것 같아서 3절마저 들려주고자 한다.

'나는 가리로다, 끝이 없이 이 발길 닿는 곳, 산을 넘고 물을 건너서 정처가 없어도, 아 괴로운 이 심사를 가슴 깊이 묻어 놓고, 이 몸은 흘러서 가노니 옛터야 잘 있거라.'

2020. 4. 19.

범 없는 산중에는 늑대가 대빡
(검찰의 폭주)

'얼씨구씨구 들어간다. 절씨구씨구 들어간다. 작년에 왔던 각설이가 죽지도 않고 또 왔네.'는 형상을 노래한 이른바 〈각설이타령〉이다. 일명 '장타령'이나 '품바'라고도 한다. 흥이 날 때도 있지만 거지 난장판 같이 시끄러워서 그런지 그 연원도 설설히 넘쳐 난다.

백제가 신라 당나라 연합군에 의해 멸망한 후 지배 계층이 나그네로 혹은 거지·정신병자·병신 등으로 위장하여 걸인 행각을 하거나, 광대·백정·줄타기 등의 재인으로 전락하여 불렀다던 설, 이런 저런 구전이라는 설 등등 그래서였는지 음지에 사는 인간들이 속악한 세상을 향하여 던지는 야유, 풍자, 해학, 무심, 허무가 그 주된 내용이다.
판소리 박봉술의 흥보가에는,

허절시구나 들어간다. 각설 춘추가 들어간다. 어따, 요
봐라, 순덕아, 이 내 말을 들어 봐라. 너그 부모가 너를 낳
아, 우리 부모가 나를 낳아, 고우기나 곱게 길러, 삼간 초당
에다 집을 짓고 독서당에다 앉혔소.

이어지는 타령들의 초입에는 각설이 된 '사연'들을 그럴싸하게 풀어 댄다.

작년에 왔던 각설이가 죽지도 않고 또 왔네./ 내란 놈이 이래 뵈도 정승판서 자제로서/ 팔도 감사 마다하고 돈 한 푼에 팔려서 각설이로 나섰네./동삼 먹고 배운 공부 기운 차게도 잘헌다./ 초당 짓고 배운 공부 실수 없이 잘 헌다.

어렸을 적에 등하교 잔등머리에서 흔하게 마주쳤던 각설이패들이 순식간에 사라져 버렸다. 공화당 때인 1968년에 법으로 걸인 행각을 금지시켜 버리자 전국에서 동시에 '각설이'들이 사라졌다. 구전되던 노래를 1981년 광주의 참혹성에 충격을 받은 극작가 김시라가 연극 〈품바〉로 각색하여 올리면서 다시 세상 밖으로 나온다. 각설이타령과 품바가 합해진 '품바타령'을 요즈음 유튜브에서 보고 있는 것이다.

소년 절도 36명을 검거했는데 이들은 13살부터 19살까지의 소년들이고 그중 대장 격은 '양아치'라는 별명을 가진 전과 3범의 유석환(32)으로 지난 3월에 서대문 형무소를 나온 후 바로 소년절도단을 조직한 것이라 한다. (1937/9/15, 동아일보)

문헌에 드디어 '양아치'라는 말이 첫 등장한다. 동냥아치의 줄임이라고도 하고, 전쟁 때 구걸하러 떼를 지어 미군 따라다닌다고 '洋아치'라고 했다고도 한다. 각 고을 읍장마다 그들은 꼭 있어서 사전에까지 오르는데 '품행이 불량스러운 사람을 속되게 이르는 말'이라고 적혀 있다.

이와 유사한 이들로 '깡패'가 있다. 'Gang단(깡, 牌)'이란 '폭력을 써서 행패를 부리며 이득을 취하는 무리'를 말하며, 조직화된 깡패를 조직폭력배(조폭)라고 부른다. 이들은 그들만의 룰과 의리(?)라는 걸 만들고, 숙지시켜서 따르게 했고 양아치와 구별되려고 애를 쓴다. 그래서 '양아치'라는 말을 가장 싫어하는 이들이 바로 '깡패'들이었다. 그래 봐야 거렁뱅이들인데 말이다.

작년 이맘때쯤 조국 법무부 장관 지명자에 대한 허위, 과장, 추측 보도가 2019년 8월 6일~9월 5일 한 달 동안에만 무려 130만 건, 1일 평균 42,114건을 기록했다. 그렇게나 언론과 기자가 많은지 미처 몰랐다. 필자는 수없는 반론들을 매일 썼다가 찢어 버려야 했다. 저 많은 의혹 중에서 단 하나라도 사실일 경우에 내 스스로에게조차 변명할 수가 없을 듯해서였다. 내가 마치 죄지은 듯이 그렇게 숨을 졸였다.

그리고 거의 1년이 흘렀다. '수사 결과로 보여 주겠다.'라는 윤석열 검찰은 제헌절을 맞는 7월 17일까지 단 하나의 증거조차 법정에서 증명해 내지 못하고 있다. 그런가 하면 형기까지 마치고 나온 한명숙 재판도 자기방어력이라고는 거의 없는 수감 중인 죄수들을 증인으로 줄줄이 세워서 죄를 뒤집어씌운 것 때문에 현재 재조사에 들어가 있다.

이런 와중에 4·15 총선을 앞둔 2월 초, 현직 기자와 검찰 고위직이 유시민 노무현 재단 이사장을 옭아매서 도덕적으로 매장시킴으로써 총선판을 뒤집어 보려 했던 소위 '검언유착'도 일반의 상상을 이미 넘어 버렸다.

이러지들 말자. 이게 무슨 짓들인가, 선출된 권력들도 그렇게 함부로

들 못한다. 독재국가에서도 최소한 국민들의 눈치는 본다. 하물며 국가에서 임명을 받고 국민 세금으로 일하는 공무원들이 국민들에게 이렇게 초법적으로 제 마음껏 할 수 있는 곳은 아마도 '한국 검찰'밖에 없을 것이다.

조폭들이 위세를 떨치는 곳에는 양아치들이 얼씬도 못 한다. 걸리면 초주검이 되니 숨소리도 못 낸다. 군부독재, 국정원, 보안사를 본연으로 되돌려 놓으니 주제도, 깜냥도 안 된 검찰이 날뛴다. 영락없는 양아치다.

'범 없는 산중에는 늑대가 대빵(대갈빵: 우두머리), 고래 없는 바다에는 갈치가 대빵, 병아리 잡는 데는 도끼가 대빵, 고래를 잡는 데는 바늘이 대빵, 어절시구 잘도 논다. 허허 품바가 잘도 논다.' 그 양아치들에게 박수 치는 얼빠진 사람들까지 구경해야 하는 시대다.

2020. 7. 19.

해괴제(解怪祭)라도 올려야 할 판인가!
(전광훈)

　고려 제8대 현종 때인 1023년에 지금의 김해 부근에 지진이 나서 해괴제(解怪祭)를 지냈다는 기록이 있다. 조선시대로 이어져 내려와 궁궐에서 부엉이가 운다든지, 절의 불상이 땀을 흘린다든지, 바닷물의 색깔이 붉게 변한다든지 하는 등, 나라 안에 괴이한 일이 생기면 제사를 지내 불길한 기운을 없애려 했던 것이다. 개인들은 물론이고 왕이 평생 한 번 겪을까 말까 하는 일들이 생기면 아랫것들이 뭔가는 해야 할 것 같아서 난리 법석을 떨었을 것으로 짐작이 간다. 이걸 '해괴제'라고 했다니 아래 열거한 몇 가지를 보자면 예나 지금이나 별반 차이가 없다.

　전광훈이라는 목사가 있다. 그야말로 한편에서는 유명 인사다. 한국의 일각에서는 대통령은 모르더라도 이 사람이 하는 설교나 괴담을 더 많이 보고, 더 믿고, 더 환호한다. 선거 때가 되면 정치인들이 서로 모셔 가려고 요란하다. 목사 신분으로 정치를 하는 것도 모자라서 허위 사실 유포로 교도소에 갇혀 있던 사람이 '여차하면 급사할 수 있다.'라는 의사의 진단서로 보석 신청 교도소에서 나온다.

　그리고 지난 8월 15일에 전국 각지에 모이라고 하여 2만 명 이상을 모아 놓고 서울의 한복판에서 '코로나 파티'를 아주 '거'하게 벌렸다. '코로나는 사기극이고, 자신을 믿으면 걸리지 않는 감염병이다. 북한에서 자기 교회에다가 코로나 균을 퍼부었다.'라는 등 횡설수설하는 사이에 자신은 물론이고 수천 명 교인들, 마이크 잡은 사람, 악수했던 사람들 모두 코로나에 걸려 버렸다.

코로나 초기에 신천지 교회를 보면서 전 국민들이 저런 요상스러운 곳도 있나 어리둥절했었다. 그런데 그런 신천지는 이 사람에 비하면 오히려 양반이다. 그런 얼치기에게 한국 기독교 총연합회는 회장이라는 감투까지 주어서 덤으로 해괴망측한 집단이 되어버렸다. 더 기가 막힌 것은 오는 개천절에 또 모이겠단다. 국가기념일을 '해괴일(解怪)'로 바꿔야 될 모양이다.

살고 있는 미국에선 이번 코로나 팬데믹으로 세계 최고라고 했던 의료 기술과 과학이 무참하게 무너져 버렸다. 9월 21일 현재 누적 확진자 700만 명, 사망자 20만 명을 넘어 버렸다. 매일매일 900명씩이 죽는다. 처참하기가 그지없다.

이에 비해 한국은 확진자 2만여 명, 사망자 380명이다. 서로 비교 불허다. '방역과 경제'는 상반의 관계이다. 방역을 하자면 경제가 위축되고, 경제를 위하려면 방역이 문제가 된다. 그래서 지금 세계 각국 정부는 이것이 초미의 관심이다. '한국은 이 분야에서도 독보적이다.' 영국의 가디언은 이렇게 보도했다. 영국과 스페인은 OECD 내에서 백만 명당 코로나 희생자도 최다이고, 경제 활동도 최악이다. 지난 6월까지 12개월 동안, 영국의 경제성장률은 21.7% 감소했고, 스페인은 22.1% 감소했다. 목숨을 구했다면 그럴 만한 가치가 있었을지 모르지만, 영국은 백만 명당 희생자 611명, 스페인은 백만 명당 희생자 622명을 냈다. 반면 한국은 백만 명당 6.3명의 사망자를 냈고, 경제성장률은 '겨우' 2.8%밖에 떨어지지 않았다. (9/13 발표)

이는 정부의 대처도 중요하지만 그에 못지않는 한국인들의 '국민정신의 승리'라고 본다.

그런데 이런 시기에 나라와 국민 건강의 중심에 있어야 할 의사들이 느닷없이 들고 일어났다. 그 이유가 의대 정원 늘려서 국민 건강 지키자는 정부 방침에 대해서 의사 협회, 전공의, 의대생들까지 가세하여 파업을 했다. 인구 천 명당 의사 숫자가 2.2명으로 OECD 최하위권인 현실에서 20년 전부터 꾸준히 의대 정원 늘려야 한다는 주장들이 의료계 내부에서도 제기되어 온 일이다. 그동안 실행되지 못해서 한국의 농어촌 벽지에는 의사가 거의 없다.

이번에 의대정원 확대안은 이런 곳에 근무할 의사를 양성하되 10년간 의무 복무 조건이다. 의대 6년 공부하는 시간까지 치자면 앞으로 16년 후의 밥그릇을 지키겠다고 저 난리다. 독일은 4.1명인데도 이번 코비드 사태로 올해부터 매년 5천 명씩 증원시키기로 했단다. 가장 환영한 집단이 의료계였다고 한다. 아무리 생각해 봐도 이 또한 해괴하지 않을 수가 없다.

그런가 하면,
미국 백악관 청원 사이트인 '위더피플(We the People)'에 문재인 대통령을 구속해야 한다는 주장을 담은 청원이 현재 가장 많은 동의 수(85만

명)를 현재 기록하고 있다. (9/10 현재) 해당 청원은 지난 4월 23일 처음 올라왔다. 청원인은 보수 성향 유튜브 채널을 운영하는 김 모 씨로 알려졌다.

청원인은 '문재인 대통령이 코로나19를 미국에 퍼뜨렸다.', '문재인 대통령이 한미 동맹 및 안보를 위태롭게 했다.', '문재인 대통령이 북한과 결탁했다.'와 같은 주장을 한다. 전 미국을 떠들썩하게 한 조지 플로이드 사망 사건 관련자 처벌 요청(44만 명 동의)보다 2배가 넘는 숫자다. 미국에 사는 한인 동포들은 많지 않을 것이다. 아무리 아비가 보기 싫다고 해도 '이웃집 아저씨에게 우리 아버지 좀 두들겨 패 주세요!' 할 수는 없는 짓이다. 도대체 어디 사는 누가 이랬을까, 망측하기까지 하다.

지진으로 땅이 흔들리고, 해일로 바닷물이 솟구친다. 대낮에 일식으로 태양이 없어져 버린다. 흔치 않은 일이다. 평생 한 번도 경험해 보지 못한 해괴하기 짝이 없는 일로 여겨졌을 것이다. 그런데 요즈음에 이런 황당하고 무계하며 해괴망측한 일들이 자연현상도 아니고 특정인들에 의해서 거의 매일 만들어 지고 있다는 것이 다르다. 실제로는 목사 몇 명일 뿐이요, 의사 몇 명이 그렇고, 미국 내 한인 동포 대부분은 코로나 문제, 생업 문제, 양국 간의 문제 등으로 사실은 백악관 청원 같은 걸 알지도, 알려고 하지도 않는다.

차라리 그 옛날이라면 제사라도 올려 버리고 잊어버리면 그만이겠지만, 이런 걸 몰라서 그러겠는가 생각하니 그저 이 가을에 '허허로울' 뿐이다.

2020. 9. 27

역사는 돌고 도는가
(이명박 구속)

역사 반복설을 주장했던 사람은 수도 없이 많다. 엄마가 딸에게 전해 주는 수많은 말들은 몇 세대가 지나도 별로 변하지 않는다. 또한 전도서 1장 9절에, '행해진 것은 또 행해질 것이며, 태양 아래 새로운 것은 없다.'라는 문구도 역사가 되풀이된다는 것을 웅변해 주는 대목이다.

1968년 김신조에 의한 청와대 습격 사건 이후로 학교에는 교련이 생겼다. 이때로부터 교련이 폐지되었던 1988년까지 20년간은 군사독재 시절과 정확히 일치한다. 이 알록달록한 교련복은 학생복이고, 작업복, 소풍복, 운동복 등 전국 방방곡곡 어디를 가나 볼 수 있는 일상복이었다. 필자도 대학 2학년 '정치사상사' 강의를 듣기 전까지는 별생각 없이 입고 지냈었다. 급우 3명이 교련복을 입고 강의실에 들어오니, '제군(諸君)들, 왜 그 옷을 입고 내 강의를 받으려 하는가.' 멈칫하는 학생들을 자리에 앉힌 다음 노 교수님은 필자가 40여 년이 지나도록 잊지 못할 강의를 조근조근 그리고 아주 나즈막이 해 주셨다.

'형식(形式)이 내용(內容)을 규정한다.'라는 게 주요 내용이었다. 일상을 무심히 그냥 지나치지 말라고 하셨다. '정치학을 하는 제군들은 신문을 읽을 때 행간(行間)을 볼 수 있어야 한다.'라는 말로 강의를 마치셨다.

그때로부터 필자는 사물에 대한 직관, 비판적 사고, 사실과 진실에 대한 각성, 즉 신문에 보이는 글씨 만으로는 보이지 않는 부분을 읽어 내는 걸 체화(體化)하기 시작하였다.

가짜 보도가 지나친 요즈음에 그 강의는 그래서 나에게는 더욱 값지다.

13년 전의 일들이 속속들이 세상에 밝혀지고 있다. 2007년 지지율 13%에 허덕이고 있던 노무현 정부 말기를 겨냥한 한나라당의 대권 경선은 한나라당 경선이 곧 본선이며 대통령이 눈앞에 아른거리는 시기였으니 이명박, 박근혜 후보 양 진영은 서로에게 치열했다. 이명박 후보에게 던진 '도곡동 땅은 누구의 땅입니까!' 이는 나중에 BBK 설립 자금으로 갔다가, 엊그제 대법원 판결로 이명박 전 대통령 것이라고 확정되었다. 사실이었다.

또한 이 후보는 박근혜 측에게 '최태민 목사 가족에 의한 허수아비로 금생(今生)의 업보가 될 것이다.'라고 몰아세웠다. 이 또한 사실이었다.

지난 10월 29일, 대법원은 '이명박 씨가 DAS의 실소유주다.'라고 확정했다. 동업자 김경준이 주가조작해서 미국으로 가지고 간 140억 원을 되돌려 받기 위해 2007~2011년까지 미 현지 법원 소송비용 89억 원을 삼성이 대납하도록 한 것을 '뇌물죄'로 확정하였다.

이 소송비 대납 건으로 이건희 회장은 이명박 대통령 취임 후인 2009년 말에 단독 특별 사면을 받게 된다. 기소 내용 중에는 이명박 씨의 단면을 알 수 있는 기절초풍할 내용까지 있다. 이명박 전 대통령은 청와대 집사였던 김백준에게 삼성의 송금액 중에서 '비용으로 쓰고 남은 돈'까지를 소송 변호사에게서 찾아오라고 지시했다는 것이 그것이다. 상상을 초월하는 집착이다.

2007년은 나라가 이걸로 내내 들썩했다. 수차에 걸친 검찰 수사(김기동)와 특검(정호영)까지 했지만 모두 불기소로 덮어져 버렸다. 대통령 취임 이후에 이어진 재판 과정에서는 검찰, 법무부, 청와대, 외교부까지 총동원을 해서 동업자 김경준의 입을 막아 버렸다. 심지어 김경준의 변호사까지 그 일에 협조하게 만들어 버린다. 언론은 입 닫았고, 국민들은 귀 막고 눈 감아 버렸다. 역사에서 가정법은 부질없다지만 교훈은 있다. 만약 국법 기관인 검찰이 저 사건들을 제대로만 관리했더라면 10년의 잃어버린 시간과 천문학적인 국고 탕진은 막을 수도 있었다.

뉴스는 '좋고 싫고'의 범주가 아니다. 그 뉴스가 '옳고 그른'가를 판단하지는 못하더라도 '맞고 틀린' 것은 식별할 수 있어야 한다. 왜냐하면 뉴스의 진위(眞僞)나 시비(是非)의 문제는 어느 정도 단순하다. 하지만 그 전달 매체인 언론과 주제의 호불호(好不好)의 문제는 시공(時空)을 넘나들면서 각 개인 안에서도 천변만화(千變萬化)한다.

대법원의 확정판결을 받은 이명박 씨의 입장은, '법치가 무너졌다. 나라의 미래가 걱정된다. 진실은 밝혀질 것이다.'라고 한다.

이걸 '정치보복'이라는 저변도 이해하려고 한다.

이 모든 걸 '정권이 안 바뀌었다면…' 정도로 생각하는 '국민들 수준'에서 보자면 그렇다는 것이다.

2020. 11. 2.

환경파괴 4대강 반대 100일 시위를 마치고 주미대사관 앞,
2010년 3월 1일~2010년 6월 10일, 100일간

정말로 재수 없는 나의 이민
(트럼프와 윤석열)

필자가 중학교 때 옆 동네에 장티푸스가 발병한 적이 있다. 그게 순식간에 이웃 동네들로 퍼져 나갔다. 우리 동네도 예외는 아니었고, 옆집에 놀다 돌아온 누나 때문인지 우리 집도 부모님을 제외한 4형제자매가 차례로 전염되었다. 말 그대로 열병이었다. 39도 고열로 2주간 반죽음이 되고 나서야 살아났다. 해당 부락 학생들은 2주간 학교도 쉬어야 했다.

당시 들리던 이야기 중에 '미국'에서 무슨 약들이 전해져 와서 방역이 되었다고 했다. 광주 5·18 때 광주 시민들은 고립무원에서 오로지 뚫린 하늘밖에 바라볼 수가 없었다. 그리고 세계의 경찰이라고 하는 '미국'이 광주 시민의 진실과 정의에 답해 줄 것이라는 기대가 너무 컸던지 신군부를 방조, 묵인했다는 감정이 아직도 남아 있다. 4~50년 전 한국에서 느꼈던 필자의 미국에 대한 짧은 단상 2가지다.

그런 미국에 40대 후반이던 2002년 말에 이민을 왔다.

2016년 당선된 트럼프 대통령은 취임 1년간 34% 참모들을 시도 때도 없이 일방 해고해 버렸다. 정무직들은 물론 각종 국가 기밀과 대통령의 사생활을 다루는 정보통들까지 자고 나면 열풍처럼 해고했다. 그중에는 내각 서열 1위 틸러슨 국무를 위시한 매티스 국방, 에스퍼 국방, 볼튼 안보 보좌관, 코미 FBI 국장 등도 있다. 가차가 없었다. 기준이나 절차 따위가 있을 리도 없다. '트럼프의 기분'만 있을 뿐이었다. 그것도 트윗으로 해고 통보를 해 버렸다. 이런 일은 임기 내내 이어졌다. 그리고 2020년 11월 국민들의 심판이 뒤따랐지만 아직도 버티고 있다.

그런 트럼프가 맞다고 하는 국민도 48%나 된다. 옳고 그름은 따지고 자시고 할 것도 없다. 단지 미워하고 좋아하고만 난무하다. 공경하고 그리던 미국의 모습과는 너무나도 달라져 버린 곳이 지금의 미국이다. 코로나로 매일 2천여 명이 죽어 나가는 데도 선거 날까지도 코로나는 가짜라고 마스크를 벗고 활보하고 다녔다. 돈이 있어도 치료할 방법도 병원도 충분치 않다. 골방에 들어가서 해열제로 버텨서 살면 다행이다.

같은 시각, 한국에서는 대통령이 임명한 검찰총장이 똑같이 직속상관인 법무부 장관의 지시를 따르기는커녕 그를 범죄자로 몰아서 온 가족까지 수사하는가 하면 후임 장관에게도 똑같이 항명하느라 1년 내내 온 나라가 시끄럽다. 심지어 임명권자가 있는 청와대를 수시로 압수수색을 한다. 그 이유라는 것이 국가나 국민을 위하기보다는 특정 집단인 검찰 조직만을 위해서다. 반면에 자신과 가족들에 대해서는 한없이 너그럽다. 백악관을 수시로 압수수색하는 것과 비교해 보자. 미국민들과 한국민들은 그 두 사람의 행동을 물끄러미 쳐다볼 수밖에 없다. 미국의 대통령 같은 행동을 한국은 검찰총장이 하고 있다.

필자처럼 가족, 친척, 친구 하나 없이 40 후반에 미국에 이민 오는 사람들의 이민 결심은 남다르다. 먹고살지 못해서 이민 왔다기보다는 사회적인 이유가 월등하다.

한국의 교육, 부동산 박탈감, 정치 사회적 편견과 차별, 정의 구현에 대한 좌절감 등이 그 이유다. 요즈음 한인 동포 이민 사회는 젊을 때 왔다가 은퇴하고 나면 한국으로 되돌아가는 소위 역이민이 많다. 그동안의 한국과 미국의 의료, 복지, 정치, 사회의 변화와 역전 현상이 갈수록 뚜렷해지고 있다. 그도 그럴 것이 이번 코로나 사태로 확연히 드러났다.

한국이 자랑하는 전 세계 최고의 의료보험 제도는 노년의 삶의 질을 가르는 중요한 척도다. 거기에 노인 요양원의 시설이나 노년 연금 제도의 개선 등도 한몫하고 있다. 미국은 40년 전 한국의 전두환 시대로 되돌아가 버린 듯하고, 한국은 40년 전 자유가 방종과 히피에 덮여 버렸던 미국처럼 보인다.

치통은 하필 치과가 문 닫는 토요일 오후부터 생긴다. 코골이가 심한 사람이 하필 먼저 잠든다. 시험 문제는 하필 공부하지 않는 곳에서 출제된다. 하필 내가 주식을 사면 떨어지고 팔면 오른다. 하필이면 시집간 날 등창 난다. 1949년 미국의 항공 엔지니어 머피가 실험을 하다가 '잘못될 가능성이 있는 것은 꼭 잘못된다.'라고 말한 것에서 유래된 '머피의 법칙(Murphy' law)'이 그것이다. 하필(何必)이라는 말이 바로 그것이다.

고생 고생해서 살 만한가 하고 허리를 펴 봤더니 떠나온 한국이 오히려 정치 사회적으로는 천국이 되어 있다. 나돌아 다니는 말 중에는 불안과 우울이 갈수록 심해지는 현대인들에게는 자기최면, 자기 긍정이니,

합리화, 감사 인플레로 넘쳐 나지만 현실은 현실이다. 나이 들어서 되돌아갈 마음이 있는 것은 꼭 수구초심만은 아니다. 한국과 미국 간에 이런 상태의 정치 발전과 사회, 시민 의식이 10여 년만 지속된다면 나의 인생은 그야말로 '잃어버린 30년'이 되어 버릴 듯하다.

2020. 12. 15.

묘서동처(猫鼠同處)

"고양이와 쥐가 함께 있다니!"

문패도 번지수도 없는 주막

(트럼프, 황교안, 윤석열)

도널드 트럼프 대통령을 지지하는 시위대가 1월 6일 미 의회 의사당에 수천 명이 난입하여 미국 민주주의의 상징이 순식간에 무법천지로 변해 버렸다. 바이든 대통령 당선인의 승리 확정을 위한 법률적 의미의 상하원 합동 회의를 무산시켜 버린다. 그리고 하원의장석에 서서 '우리가 승리했다.'라고 함성을 질렀다. 이 사태로 1월 13일 현재, 6명이 죽고, 수백 명이 체포되었다. 트럼프는 사태 직전의 연설에서 '그곳을 향해 행진합시다. 제가 여러분과 함께하겠습니다. 함께 의사당으로 걸어갑시다.' 이 공개 발언을 내란 선동으로 규정하여 미 민주당은 임기 9일을 남겨 놓은 1월 11일 현재 탄핵 발의하고, 13일 가결했다.

딱 1년 전쯤인 2019년 12월 16일 서울의 여의도 국회의사당에 국민의힘 전신인 자유한국당 주최(대표 황교안) '공수처법 저지 규탄 대회'를 마친 태극기 부대 수천 명이 태극기와 성조기를 들고 국회의사당을 점령해서 의원을 구타하고, 의회 본관에서 몇 시간 동안 무법천지를 만들어 버린다. 황교안은 그 시위대를 향해 '이렇게 국회에 들어오신 것은 이미 승리한 것, 목숨을 걸고 자유 대한민국을 지켜야 된다.'라고 외쳤다.

어떻게 같아도 이렇게나 같을까. '생전 처음 접하는 장소나 환경임'에도 불구하고 왠지 눈에 익고, 예전에 똑같은 현상을 겪어 본 듯한 경험 현상을 불어로 '데자뷔(Deja vu, 이미(Deja) 보았다(vu))'라고 한다. 사실 모방이 그다지 나쁠 것도 없다. 벤치마킹이라고 권유까지도 한다. 그런데 나쁘고 부정적인 것은 의지와 상관없이 그 전파력이 순식간이다. 한국이 촛불 민주주의만 수출하는 줄 알았더니 이런 것까지도 수출한 듯하다.

또 있다. 미국의 트럼프에 버금갈 정도의 권력을 행사하고 있는 한국의 윤석열 검찰총장 이야기다. '법률에 정해져 있지 않으면 범죄도 없고, 형벌도 없다.' 근대 형법의 기본 원리인 죄형법정주의를 일컫는 말이다. 세상이 날로 변화 발전하고 있는데 입법은 항상 뒤늦기 마련이다. 특히 권력자, 권력기관에 대한 법은 포괄적 규정이 많다. 정치적, 양심적, 국민적 여론에 의해서 평화롭게 진행되어야 함에도 법과 정치의 경계선에 올라타서 칼춤을 추고 있으면 보고 있는 국민들이 얼마나 불편 불안할까, 그런데 이런 트럼프와 윤석열을 지지하고, 응원하는 사람들이 있으니 딱히 '잘못이다.'라고 하기도 그렇다. 현실 정치를 역사로 떠넘겨 버리는 역진(逆進)의 모순을 목도 중이다.

미국에 사는 동포들의 한미 양국 정치적 성향에 대한 연구를 접해 본 적은 별로 없다. 그래서 필자 나름으로 정리해 본다.

가장 전형적인 지지 성향 구분은 (1) 한국민주당-미 민주당, (2) 한국 보수정당-미 공화당으로 대별할 수 있다. 여기에 (3) 한국 보수정당-

미 민주당도 꽤 많다. 2016년 미 대선 한인 투표 성향 조사에서 힐러리 (75%), 트럼프(19%)를 보면 그렇다. 오바마 민주당 8년에 대한 실망감이 컸음에도 선택의 여지가 없기 때문이기도 하다.

2020 대선에서는 한인 투표성향은 바이든 (57%), 트럼프(25%)가 된다. 그에 반해 (4) 한국민주당-미 공화당 조합은 매우 드물 듯하다. 진보적 시민들의 대척점에 전통적으로 미 공화당이 자리하기 때문이다. 트럼프의 대북 정책 때문에 잠시 혼돈이 있었을 뿐이며, 트럼프 때문에 오히려 미 민주당의 보수성까지도 엿보게 된 일면도 있다.

최초로 실시된 한국의 재외국민 투표인 19대 총선(2012) 재외선거 득표율은 민주당(57.7%), 새누리당(36.9%)이다. 18, 19대 대선, 20대 총선도 그 비율이 비슷하다. 위 열거한 조합의 비율을 근거로 필자의 주관에 의해 정리해 보자면 (1) 55%, (2) 18%, (3) 24%, (4) 3%가 될 듯하다. 자신은 어느 번지수에 속할지 가늠해 보는 것도 무방하다.

2021년이다.

'문패도 번지수도 없는 주막에 궂은비 내리는 이 밤도 애절구려…' 가수 백년설의 노래 〈번지 없는 주막〉(1940)의 가사다. 어렴풋이 주막을 떠올려 보면 세상을 유유자적하면서 길손들과 격의 없는 풍류와 왁자한 세류를 탐하며 속절없는 세월을 두드리는 연상을 하게 된다.

경북 성주 출신의 그는 태평양 전쟁 말기에 부평초같이 유랑 생활에 푹 절은 민족적 애환을 다룬 노래가 많다. 〈나그네 설움〉, 〈대지의 항구〉 등도 그랬다. 그런 그가 1942년부터 〈혈서지원, 아들의 혈서〉 등 태평양

전쟁 지원병 독려 친일 노래를 부른다. 그리고 1979년 미국 LA에 이민
와서 2년 살다 1980년 세상을 등진다. '귀밑머리 쓰다듬어 맹세는 길어
도 못 믿겠소 못 믿겠소 울던 사람아.' 노랫말처럼 말이다.

　코로나 격랑으로 잃어버린 2020을 대신해 준 듯해서 막걸리 혼술과
함께 문패도 번지수도 없는 미주 동포들의 시름만 깊어 간다.

2021. 1. 14.

집에서 호랑이 키우기

파악된 정확한 숫자는 없으나 상당수의 미국 가정에서 호랑이와 사자를 집에서 애완용으로 키우고 있다는 뉴스를 본 적이 있다. 물론 불법이다. 위반 여부를 떠나서 자신들은 큰 고양이라고 생각할지 모르겠지만 그런 사실을 듣는 것만으로도 소름 돋을 일임에는 틀림없다.

1978년 '공산주의 이론 비판'이라는 과목을 수강한 적이 있다. 그 과목 핵심 내용은 '자본주의에 대한 폐해는 곧 공산주의 탄생의 배경'이 된다는 것이다. 독일의 철학자 칼 막스(Karl Marx)는 그에 대한 해결 수단으로 공산주의를 주창한다. (1848)

좀 더 살펴 들어가면 '무산자 계급, 즉 일하지 않고 잉여가치를 독점하는 계층'에 대한 것들이 나온다. 우수한 성적을 받았다. 벌써 오해를 하신 분들이 있을 듯해서 부연하면 공산주의 이론을 공부한 것이 아니고, 그 이론을 비판하는 공부를 했다는 것이다. 그런데 놀랍게도 150여 년이 지난 오늘, 필자가 그걸 배운 지 40여 년이 흐른 지금 자본주의에 대한 그의 통찰은 상당히 적중하고 있다. 이를 신자유주의, 신노예주의라고 바꿔 부르고 있을 뿐 뚜렷한 해결책마저 기대하기 어렵다는 것이 더욱 세상을 암울하게 한다.

미국에서 가장 존경받는 대통령 부동의 1위는 16대 링컨 대통령이다. 그의 업적 중 단연 돋보이는 것도 익히 알다시피 1863년 1월 1일, 수많은 반대를 무릅쓰고 대통령령으로 '노예해방령'을 선포해 버린 것이다. 노예 소유주들에게 국가 재정으로 지원해 주고 400만 명에 이르는 흑인 노예들을 해방시킨 일은 인간이 지구상에서 행한 수많은 역사적 진보 중에서 단연 백미로 꼽힌다. 그런 미국의 2021년은 그의 160년 전의 혁명적 성찰도 신노예주의의 출현으로 무색해져 버렸다.

서울은 한강 이북과 이남으로 크게 나누고 한강 이남을 강남이라 불러야 맞을 것 같은데 그렇게 생각하는 한국 사람은 거의 없다. 거의 같은 지역이나 다름없는 영등포구나 동작구를 강남이라고 부르지 않는 것은 오래고, 구로, 관악, 금천구는 다른 동네 취급한다. 심지어 강남구는 서초구와 송파구가 자꾸 옆에 오는 것조차 꺼려 한다고 하고, 그런 서초, 송파가 강남구보다 더 강남 행세를 한다는 이야기를 듣고 참 '신기한 곳들'도 있구나 생각한다.

어쩌다 강남의 식당에 들어서면 '돈 쓰는 맛'을 팍팍 느끼게 한다고 한다. 정말로 손님을 황제 대접한다고 한다. 그 대접하느라 바닥을 기어 다니다시피 하는 사람들을 보면 '인간 평등'이 얼마나 '허구'인지 바로 눈앞에서 확인이 가능하다. 그곳에 가면 '돈 가지고 못하는 일이 없는 세상', 심지어 살인도 돈으로 거의 해결할 수 있다는 인식이 보편적이라니 설명을 더 하기도 겁난다.

고등학교 역사 선생님의 '조선시대 때 노비가 자식을 낳으면 집에서

송아지가 새끼 한 마리 더 낳은 것과 비슷하다고 생각하면 이해가 빠를 것이다.'라는 말이 아직도 귓가에 생생하다. 지금 이 글을 읽는 분들은 대체로 거의 절대 수가 양반 가문 배경을 가지고 태어났다. 경제력이 곧 번식력이요, 보존력이다. 지금 우리는 신조선시대에 살고 있는 것이 분명하다. 노비들이 도망가고, 갑은 멀리서 구경하는데 을끼리 그 비좁은 곳에 간신히 버티어 내고 있는 것이다. 결혼도 못 하여 대(代)가 끊기는 일은 이제는 더 이상 새로울 것이 없다.

　과학자들의 지구환경에 대한 경고가 이론보다 훨씬 심각하다는 것은 부정할 수 없는 현실이듯이 인문학이나 사상가들이 내다보는 인류의 미래에 대한 통찰보다 현실이 오히려 훨씬 빠르고 심각하다. 걷잡을 수 없을 지경이다. 좁히고 좁히다 보니 어느새 각 개인의 내면에서조차 부조화의 현실과 날마다 싸우고 있는 자신들을 발견한다. 피할 곳도 없다. 스스로 극복하든지 좌절하고 포기하고 체념하든지다. 이를 국가적 차원에서 해결하려 하지만 '돈'으로 얽힌 아주 단단한 적폐의 고리는 '선거와 투표'마저 왜곡시켜 버리는 지경이다.

　공산주의는 이제 더 이상 지구상에 없다. 표면상 내걸고 있는 몇몇 나라들도 속을 들여다보면 자본주의 뺨친다. 오히려 북유럽 국가들에서 사회주의 시늉들이 조금 더 보일 뿐이다.

　호랑이는 어느 사이 사람들 내면에 벌써 들어와 앉아 있다. 권력을 향한 끊임없는 동경, 강남으로 강남으로 질주하고픈 본능, 친구도, 가족도

여차하면 철천지원수가 되어 버리는 호랑이의 야성들이 갈수록 커지고만 있다. 심각한 것은 그게 어느 특정 나라만의 문제가 아니라는 것이다. 특히 대도시일수록 아주 포악하고 탐욕스러운 호랑이 한 마리씩을 각자의 마음속에 키우고 있는 세상이다.

2021. 4. 18.

휴가는 꼭 화려해야 하나?

(미얀마와 광주)

주변을 둘러보면 휴가 문화가 매우 서툴다.

서툰 정도가 아니다. 나 같은 경우는 '휴가'라는 게 거의 없다. 일하는 것이 곧 휴가다. 아니 '일을 즐기자.'라고 하는 편이 맞을 듯하다. 일터에 사고 없고 무탈한 것처럼 편한 게 없다. 재택 근무하는 자식들은 팬데믹 기간 내내 답답하다고 3개월이면 한 번씩 꼬박꼬박 편안한 집 놔두고 한 달씩 짐 싸 들고 떠나 버린다. 세상에 공짜가 어디 있을까만 그렇게 쓰고 나서야 돌아와서 또 일을 한다.

한국에 있을 때는 누구나 가는 '바닷가, 해수욕장'에 하다못해 2박 3일 다녀오지 않으면 세상 헛산 듯이 낙담도 하지만 그마저도 1년에 한 번이면 그것으로 끝이다. 그러니 지금도 휴가라고 하면 바닷물에 한 번 들어 갔다가 나오는 걸 '로망'처럼 믿고 사는데, 미국에서는 바닷가 한 번 가려면 그것도 멀어서 쉽지가 않다. 이래저래 집이 편하다. 나이 탓도 무시하지 못한다. 화려한 휴가는 대부분의 사람들에게 갈수록 꿈일 뿐이다.

지금 미얀마라는 나라에서는 백주에 자국의 군인들이 국민들을 총으로 무참히 살해하고 있다. 인구 5,400만 한국 남한 인구와 비슷하다. 면

적은 남한의 3배가 넘는다. 동남아시아 국가들은 풍부한 자원으로 남미처럼 제법 잘 살았던 때도 있었다. 영국, 프랑스의 지배를 받았으면서도 남미와는 달리 민족의식도 대체로 강하다. 민족은 숙명적이다. 미얀마에 태어나서 살고 있기 때문에 그들은 지금 언제 죽임을 당할지 모른다. 그런데 왜 죽는 사람들이 계속 나올까. 집 밖으로 나오지 않으면 죽지 않을 터인데 그들은 죽음을 무릅쓰고 집 밖으로 자꾸 나오는 것일까. 살아날 방법이 있기는 있다. 타국으로 탈출하든지, 총부리 앞에 모든 걸 포기하고 납작 엎드려 있으면 그 가능성은 좀 더 높다. 이런 경우 인권, 헌법, 자유 따위는 너무 사치스럽다.

이 문제가 오늘 글의 핵심이다. 복잡할 것도 없다. 의외로 간단한 이치이기도 하다. '사람다운 삶'이 그것이다. 프랑스가 그랬고, 미국도 그랬었다. 물론 오늘날의 한국도 그렇다.

미얀마(버마)는 1962년 군사 쿠데타 이후 50여 년이 지난 2011년부터 민정으로 순조로운 정권이 이양되었다. 2015년의 총선에서 아웅산 수치의 국민 민주주의 연맹이 과반을 넘는 의석을 확보했다. 바로 얼마 전 치른 2020년 11월 총선에서는 83%(396/476) 의석으로 민심을 확실히 재확인했다. 그런데, 단지 7%(33석)를 얻은 군부가 부정 선거라면서 2021년 2월 1일 쿠데타를 일으킨 것이다.

그리고 2021년 4월 17일 현재 사망자 최소 수치 726명, 부상자 2,500명, 3,500여 명 체포 구금 상태다. (미얀마 정치인 지원협회 AAPP 발표) 한편 지난 3월 27일은 어린이 포함 114명이 사망한 날이었다. 그날 저녁

호텔에서 흘라잉 군 최고 사령관 등은 미얀마 '군의 날 행사'로 초호화 파티를 한다. 있을 수 없는 일임에도 아무렇지도 않다. 이대로 잠잠해져서 더 이상 피해가 나지 않았으면 좋겠지만 수천의 희생이 발생했는데 잠잠하다는 것도 더 이상하다.

앞으로 미얀마가 어디로 향할지는 나도 잘 모르겠다. 다만 아주 비슷하거나 똑같은 일이 40여 년 전에 한국에서도 일어났었다. 아니 40년 전의 한국 군인들처럼 지금은 미얀마 군인들이 똑같이 하고 있다. 한국의 그들과 무엇이 다른가를 찾는 것이 더 빠를 정도로 판박이다.

한국에서는 그들이 흘렸던 피로 오늘날 한국의 선진 민주주의가 정착했다. 그 시기 군부의 군홧발 아래 납작 엎드렸던 비굴했던 언론의 오늘은 오롯이 희생자들의 피의 산물이다. '공짜 행복'의 밑바탕에는 수많은 '죄 없는 불행'들이 그들을 떠받치고 있음을 결코 잊어서는 안 된다. 그래서 오늘을 사는 자들은 독재에 항거하여 희생된 자들에게 정의의 빚을 지고 있다는 것이다. 그것은 예수님이 우리를 구원하려고 십자가에 못 박힌 일과 그렇게 많이 다르지 않다.

바로 엊그제는 김무성 전 새누리당 대표가 2016년 11월, 불과 4년 전 촛불 정국 시에 한국에서도 광화문에 탱크 500대를 집결시키려는 쿠데타 논의가 있었다고 말했다. 실제로 모의 과정을 수사하다가 지금은 중단된 일이었다.

독재자의 대명사 히틀러가 역설적이게도 꽃을 좋아했다는 것은 주지의 사실이다. 가까운 우리에게도 그의 망령 같은 후예들이 있었으니, 5월 광주의 비극적인 작전명이 '화려한 휴가'였단다. 이런 언어의 도단(道斷)과 유희(遊戲)가 없다.

2021. 5. 15.

옛 전남 도청앞에 있는 5·18 민주광장

미얀마 돕기 캠페인 당시 MBC 워싱턴 특파원 인터뷰 장면

문맹률 99%일 때에도 독립운동은 했다

문맹률에 대한 이야기는 아주 오래된 이야기다. 한국 사회에서는 이제 그럴 일이 없겠지만 이곳 미국에서 비즈니스를 하다 보면 중남미 종업원들과 일을 하게 되는데 '사람은 말하기 위해서 태어난 존재'라는 듯이 청산유수요 '무쵸 하블라'(너무 말이 많다)다. 그런데 막상 이름과 전화번호를 쓰라고 하면 그것조차 쓸 줄 모르는 20대 초반을 부지기수로 만나게 된다. 아직도 그런 나라, 그런 사람들이 세상에는 많다.

기록에 의하면, 거의 100년 전이던 1922년 한국은 인구 2천만 중에서 단 1%(20만 명)만 공공교육을 받았다.(동아일보, 1922/1/15) 99% 문맹률이다. 1930년에는 77.7%의 문맹률로 약간 개선이 된다. 같은 시기 일본의 3% 문맹률과는 확연히 비교된다. 어렴풋한 국사 공부 기억 속의 '문자 보급 운동'이 펼쳐진 시기이다.

문해율이라는 게 있다. 문자 해독률이다. 실질 문맹률로 불리기도 한다. OECD에서는 회원국들의 노동생산성 연구 목적으로 매년 회원국의 문자 독해력 테스트를 실시한다. 지극히 상식적이며 누구에게나 공통 관심사인 '약 설명서' 등에 쓰여 있는 10줄가량의 주의 사항을 읽고 그 가운데 적힌 '최대 복용 가능 기간' 등을 답하는 문제다.

가장 최근의 조사에서 OECD 회원국 15만 명을 상대로 조사한 것을 보면 한국은 16~24세에서는 조사 대상국 중에서 3위인데 반해서 55~66세의 문자 해독률은 20위로 최하위권이다. 국민 전체 문해율은 75%이다. 실질 문맹률 최하위로 1930년대로 되돌아가 버렸다. 더욱 놀라운 것은 세대 간 격차가 가장 크다는 것이다. 나이 많은 분들의 눈부신 기여(?)가 단연 돋보인다.

책을 통해서 지식과 정보를 받아들이지 않고, 누군가에 의해서 가공된 신문, 방송에만 의존한 결과라고 분석한다. 한쪽 눈으로만 바늘귀를 끼려고 애쓰는 것과 같은 반복적 행동의 결과이다. 최근의 무분별한 카톡 문화는 이를 더욱 가속화시키고 있다는 분석도 있다.

그래서 오랜 숙제와 의문 하나가 조금 풀렸다. 결론부터 말하자면 이런 낮은 문해력이 누구의 잘잘못은 아니지만 세대 갈등이 되고, 정치 발전의 커다란 장애가 되고 있다.

5·18 때 침투한 북한군 '광수' 행세를 했던 김명국이 '전부 거짓말'이라고 자백을 했다. (5/6, JTBC) 1980년 광주 진압 부대 제3공수여단 11대 소속 지역대장 신순용 전 소령이 '5·18은 광주 시민을 폭도로 몰고 무고한 시민의 생명을 앗아간 무도한 행위'라며 헌화 참배하고 사죄했다. (2021/5/21)

그래서인지 엊그제 41주년 5·18 광주 민주 항쟁 기념식은 바로 1년 전과는 사뭇 달랐다. 또 다른 이유 중 하나는 지난 2월 21일 미얀마에서 일어난 군사 쿠데타로 미얀마 자국민 살상 화면들을 실시간으로 보면서 '저게 뭐지?' 눈을 비비고 다시 보게 되었고 40년이 지난 이제서야 5·18에 대해서 뭔가 대단한 혼돈이 생긴 분들이 아주아주 많았을 것으로 보인다. 그분들은 지난 40년간 5·18에 관해서는 거의 문맹 상태에 있었다고 봐야 맞다.

히틀러가 독재자로 우리들의 눈과 귀에 인식되기까지 얼마나 많은 희생자가 있었으며 그 희생을 헛되지 않게 하려는 수많은 노력들에 대해서도 천차만별의 문맹률 차가 생긴다. 백 년 전 사건이 역사적으로 거의 정리된 뒤에서야 그 박제된 내용을 해독하고 있기에는 세상은 너무나 빠르고 인생은 더더욱 짧다.

몰라서 그러겠는가만 문재인 정권을 독재 정권이요, 문재인은 독재자라고 하는데 그런 말이 통할 만한 충분한 이유가 있었던 것이다. 언론 탓으로만 돌릴 문제가 아니었다.

언론 혼자서는 절대로 그렇게 못 한다. 언론들이 사실을 알지 못하게 하거나 '틀린 것을 다르다.'라고 교묘하게 포장해서 서로 싸움 붙이고 그걸 정치에까지 팔아먹고 있었으니 국민들은 당달봉사나 청맹과니가 된다. 언론 신뢰도 조사 대상국 중 5년 연속 꼴찌에 OECD 실질 문맹률 꼴찌를 하고 있는 것이 오히려 정상이고 다행(?)인 이유다.

1년 남은 한국 대선을 앞두고 출문망자(出門望者)들이 요란하다. 속설이 있다. 명색이 한국 최고 대학 출신이 한국에서 대통령 되는 게 어렵다는 것이 그것이다. 왜 그러는지를 그들만 모른다. 문맹률 50%더라도 처지에 맞게 살면 된다. 식자우환(識字憂患)이다. 어설피 아는 게 나라와 민족에 독이 되고 있는 현실에서 이름도 쓸 줄 모르는 사람들에게 오히려 부끄럽다.

　글자 아는 것과 독립운동은 99% 달랐다. 그때의 문해율 1%와 지금의 상위 1%는 99%가 다르다.
　지금 그 1%들이 문제다.

2021. 5. 27.

행운일까, 실력일까?
(9개월 만에 홀인원 한 아내 자랑)

골프에서 '60대 타수는 외화를 벌어들여 국가를 먹여 살리고, 70대 타수는 가족을 먹여 살리고, 80대는 골프장을 먹여 살리고, 90대 골프는 친구를 먹여 살리고, 100대 골프는 골프공 회사를 먹여 살린다.' 골프 은어 중에서 오래된 고전이다.

미국에 가면 골프는 실컷 치겠구나 하는 친구들의 말을 귓가로 흘리고 이민이라고 떠나왔다. 미국은 어디를 가나 한국에 비해서 흔하고 골프피가 싼 골프장이 많다. 그런데도 다 아는 일이지만 골프 칠 기회를 갖는다는 것이 말처럼 쉬운 것도 아니다.

지금은 한결 나아졌다고는 하지만 한국에서 '골프를 한다는 것'은 돈과 시간을 떠나서도 사치스럽고 그래서 그에 따른 여러 가지 제약이 뒤따른다. 변변치 않은 배경을 가진 필자가 1990년대 30대 초반 과장 시절에 '골프'를 시작했으니 직장과 가정으로부터 어떤 압력(?)들이 있었을지는 상상에 맡긴다.

한겨울 4시에 일어나서 겨울바람 가르며 1시간 반 동안 운전해서 골프장에 도착하면 새벽 6시, 어찌어찌해서 첫 타석 이전에 번외로 타석을 만들어 준 것만으로도 하해 같은 은혜로 알고 오리나무로 만든 1번 드라이버 채를 가지고 호호 불며 그렇게 티샷할 수 있다는 것만으로도 감사해야만 했었다.

그렇게 시작한 골프가 30년이 다 되어 간다. 귀가 얇은지, 철이 없는 건지 누군가 좋다고 권하면 두 번 생각도 않고 덜컥덜컥 발부터 먼저 나가 버리는 성질머리 때문에 황당무계하게 골프에 입문했다.

그 골프가 인연이 되어 골프 후배를 따라 골프 백을 들고 시애틀에 내렸고, 또 시애틀에서 빈둥거리다 골프장에서 만난 분이 이민 스폰서를 안내해 줘서 이곳 매릴랜드에 왔다.

골프 치다가 알게 된 친구가 타이어 사업을 하길래 팔자에 없는 타이어 사업을 10년 동안 했다.

그러는 중에 어떤 모임에서 하는 토너먼트에 우연히 골프하러 갔다가 그 모임의 회장도 하고, 거기서 만난 후배가 마라톤을 하자고 해서 또 마라톤도 하게 되었다. 뭐든지 시작은 대충 하는데도 중도에 그만두는 일이 없이 아주 아주 길게 한다. 남들은 우직하다고도 하는데 내가 생각해도 난 좀 바보다.

사업이 비실거려도 골프는 했던 터라 골프 치면서 이런저런 사업 이야기 하다가 우연히 현재 비즈니스를 하게 되었으니, 골프에 죽고 살고 한 것도 아니면서도 이렇듯 골프와 반평생을 같이 해 왔다. 그렇게 골프를 했으면 '골프신'의 반열에 서 있음 직도 했지만 어느 글에서도 고백했다시피 4명 중에서도 1등을 못 한다. 홀인원 한 번도 못 해 봤다.

이런 걸 옆에서 30년 지켜보기만 했던 옆 사람은 어떻겠는가.

작년 가을에 우연히 와이프와 마라톤을 같이하던 와이프 후배가 '언니, 골프 한번 할래요?' 그 말 한마디에 와이프가 그토록 저주(?)하던 골프를 하겠다고 해서, 긴가민가했더니,

그날로부터 골골골골, 아침부터 저녁까지 '골'로 시작해서 '골'로 끝나는 나날이 지속되길 9개월, 본업도 팽개치기 직전이오, 딱 쳐다보면 두 눈에 '골' 자만 보였다. 나이 60도 넘은 여자가 하면 뭘 하겠다고 저러는고, 한편으로는 짠하고, 한편으로는 기특(?)하기도 했다.

부부간에 골프, 운전 가르치다가는 이혼한다는 말도 있던데 이 나이에 이혼이고 뭐고 간에 시간 관계상 하나둘씩 걸음마부터 가르쳤다. 아니나 다를까, 작년 가을 필드에 처음 데리고 나가서 어찌어찌하라 하고는 내 티박스에서 폼 나게 티샷을 보여 주려는데, 그게 맘대로 되냐고요. 그날따라 나의 티샷은 여지없이 뻑사리가 나 버린다. 지켜보던 와이프, 대번에 치고 들어 온다. '자기도 못 치면서….' 그러기를 9개월, 지금은 100타를 깨 보겠다고 저렇게 발버둥이다.

그 어마어마하다는 '매릴랜드 여성 골프회'에 가입해서 칼 같은 골프 룰도 즐기는가 싶더니,

지난 일요일에는 매릴랜드 지역의 조그만 토너먼트(40명)에 나간다길래, 그날 아침에 '이구동성', '2구를 잘 치면 성공하는 것과 같다.'라고 코치해 줬는데 세컨 샷도 필요 없이 덜컥 '홀인원'을 해 버렸다.

이걸 축하해 줘야 하는지,

지금도 어리둥절하기만 하다.

2021. 7. 20.

평소 즐겨 찾던 Compass Pointe Golf Club에서

골프 입문 9개월 강순옥 씨 홀인원

기사입력: 2021-07-21

클락스빌 거주 강순옥 씨가 골프 입문 9개월 만에 홀인원을 기록했다.

강 씨는 지난 18일 아리랑 USA 공동체 골프모임이 퀸앤스 카운티 소재 퀸스타운 하버 골프코스에서 개최한 7월 골프대회에서 레이크스 코스의 8번홀(파3, 99야드)에서 하이브리드로 티샷한 공을 홀컵에 바로 넣었다. 강 씨는 이날 손혜옥, 박숙자, ○○래 씨와 동반 라운딩했다.

워싱턴 동포 신문 한국일보에 실린 홀인원 관련 기사

전두환이 떠났다

천년만년 살 것이라고 생각했을까, 그도 세상에 태어나서 자식 낳고, 손자 보고 떠났다.

내 생애 동안 수많은 인물들을 보아 왔지만 그렇게 국민들로부터 비난받았던 사람은 기억에 없다.

죽어서도 별반 다를 게 없어 보인다. 지은 죄가 너무 무겁지만 딱히 그것 때문만은 아니다. 그런 무도한 행동에 대한 자성이 끝내 없었다. 그리고 죽었다. 자성이 없으니 뉘우침도 없고, 사죄도 없을 수밖에 없다. 극단적일는지 모르지만 사람은 태어난 자체부터가 원죄다. 수억의 경쟁자를 물리치고 세상에 나왔으니까, 겸손하고 또 겸손해야 할 일이다. 그래서 그리스도 앞에 우리는 모두 죄인인 것이다. 그런 마음으로 세상을 바라보고 세상 사람들을 대해야 옳다.

그는 아주 초급 장교인 대위 시절부터 그런 범죄 같은 행동을 아무렇지 않게 했다. 박정희 5·16 군사 쿠데타가 일어나니 육군사관생도들을 불러내서 쿠데타 환영 시가행진을 꾸며서 박정희의 눈에 들었다. 그런 행동은 무인, 군인, 깡패 세계에서는 일종의 무용담이요, 화끈한 일면도 있다. 그러나 역사나 일반 대중의 눈에는 '패거리'일 뿐이다. 하나회가 그렇다. 그런 패거리는 효율은 높다. 그러나 법과 절차와 관례가 무시된다. 경계하고 뽑아내 버려야 할 악폐다.

이런 '정서적 공감(?)'이 가장 큰 문제라고 하는 것이 이 글의 요지다. 시대가 한참이나 지나버렸는데도 '제2의 박정희'를 꿈꾸며 실제로 그대로 따라 한다.

그는 '전두환식'이니, '전두환 같은 놈'이라는 민족사적 선물들을 이 시대에 남기고 떠났다. 우리는 정도의 차이가 있겠으나 사람이 나이 들어가면서 죽고 난 뒤도 생각해 봐야 한다.

사죄나 반성이 없다는 것은 심리학적으로는 두 가지로 분류된다.

첫째는 죄의식이 없다. 사람을 찔러 놓고 상대방이 아플 것이라는 감정이 없거나 아주 약하거나 그걸 즐기는 경우이다. 아주 소수지만 사디스트다. 독재자들이 그렇다. 자기 권한에 따르지 않으면 그런 행동을 한다. 전두환이 광주에서 했던 게 대표적이다.

다음으로는 열등감에 찌든 사람들이다. 마조히스트이다. 지배만 당하던 사람이 리더가 되면 이런 현상이 나타난다. 사과하면 죽는 줄 안다. 사과한 다음에는 무얼 해야 할지 두려워 사과를 못 한다. 사과하라고 하는 사람도 적으로 보인다. 그런 사람도 멀리한다. 어떻게든 이 상황을 피하려고 온갖 꼼수를 동원하지만 어항 속의 금붕어 같은 모습만 되풀이한다.

나중에는 어항을 쳐다보는 것까지도 두려워하게 만든다. 수초 속에 가만히 엎드려 시간이 지나가기만을 기다린다. 원래 독재자보다 더 교묘하고 끈질기다.

　전자는 전두환이요, 후자는 노태우다.

　조직이나 단체가 본래의 궤도를 이탈해서 시끄러움이 오래 지속되면 이런 현상이 여지없이 나타난다.

　1980년대 대한민국은 이성 상실의 시대였다. 그렇게 살아온 경험이 바탕이 되어 오늘날 세계 10위의 대한민국이 되었다.

　전두환이 죽었다.

　전두환 때문에 민주주의는 발전에 발전을 거듭하여 민주주의 시민 정신을 수출하는 시대에 살고 있다. 그렇다고 전두환을 오도하지 말라. 전두환을 찬양하지는 않겠지만 전두환의 그 일부라도 긍정적 메시지를 입 밖에 내는 순간, 당신 주변이 당신을 어떻게 바라볼 것인지를 최소한 생각하고 살아야 할 것이다.

　당신은 이렇게 떠나는 것이 아니다. 그래서 잘 가라는 최소한의 인간적 연민마저 낭비다.

2021. 11. 23.

워싱턴 북소리

© 강창구, 2023

초판 1쇄 발행 2023년 7월 31일

지은이   강창구
펴낸이   이기봉
편집   좋은땅 편집팀
펴낸곳   도서출판 좋은땅
주소   서울특별시 마포구 양화로12길 26 지월드빌딩 (서교동 395-7)
전화   02)374-8616~7
팩스   02)374-8614
이메일   gworldbook@naver.com
홈페이지   www.g-world.co.kr

ISBN   979-11-388-2138-4 (03340)